日本語

まんがプリント

小学校1・2年

近野十志夫 編

民衆社

この本をお使いになる方へ

この本を手に取ったとき、「まんがなんか勉強の役に立つのか」と思われた方も多いかと思います。まんがは子どもの勉強の害毒になると思われていた時代もありました。

確かに、子どもが大好きなまんがの中には、有害無益といわれるようなものも流通しているかもしれません。しかし今日、日本のまんがは、文学的にも美術的にも世界文化の先端を切っているといわれています。表現力がたいへん豊かな芸術で、映画と比べられることもあります。映画の中に「教育映画」というジャンルがあるのと同じように、まんがの中にも「学習まんが」と呼ばれるジャンルがあります。

「学習まんが」は1970年代に大きく注目されました。それは、専門家たちにもなかなかできなかった「正確でわかりやすい視覚化」が、まんがの中ではいともたやすく実現していることに気が付いたからでした。それまでに培われてきた手法と一体化し、学習まんががその地位を確立したのです。こうした流れの中から、今では、まんがが教科書にも取り上げられるようになりました。子どもの好きなまんがは、子どもにとって親しみやすく、これ以上ないわかりやすい教材にもなるのです。

近ごろ、子どもの算数離れ、理科離れが話題になっています。同じように、国語力の不足も叫ばれるようになりました。最近の調査では、小学校一年生の半数近くが「八つ」を「はちつ」と読んだり、三割が「一つ」を書けずに「人つ」と書いたということです。また、全国学力テストでは、「子孫」を「こまご」、「羊毛」を「ひつじげ」と読むような誤答が目立ち、慣用句の「折り紙付き」の例を「おもちゃを買ったら、おまけの折り紙付きだった」とする文もあったようです。笑えない話では、大学生が、「骨を折る仕事」を「骨折する仕事」であると思っていたという話もあります。

一方、こうした現象は現場の先生方にとって、これからさらに重要な問題になってくるのではないでしょうか。学校の先生百人を対象に行った調査で、小学生の国語力が低下していると感じる先生が約九割にのぼったというニュースも耳に新しいことです。

国語学習は、小学校教育の中でもたいへん重要な位置を占めます。簡単に言ってしまえば、国語はほかの教科のすべての学習のためにもなるからです。国語力が不足すれば、教科書を読んだり授業を聞いて内容を理解したりできなくなってしまいます。現実に、算数などの文章題の意味そのものが理解できない子どもが増えているという状況が生まれてきています。

わたしたちは、生まれてからこれまでに、じつに多くの日本語を覚え、使ってきました。それは子どもたちにとっても同じです。日本語をたくみに身につけ、会話に不自由するようなことはありません。ただ、これから学校でしていく勉強の中でも、多くの漢字や語句、言葉の使い方などを知り、より微妙な表現を理解したり、自身で表現したりできるようになっていく必要があるのです。

この本は、まんがを通して日本語に興味を持ってもらうための本です。小学校学習指導要領の「話すこと・聞くこと」「書くこと」「読むこと」という三つの柱を軸に、言葉の使い方を導入としたまんが読むだけでも日本語の面白さに気付くことができ、関連する問題を解くことで知識を深められる構成にしてあります。漢字、熟語、ことわざ、日本語独特の言葉、日本語文法などの章に分け、楽しみながら国語の知識を身につけることができるような編集を心がけました。

ある調査によると、小学生の九割近くが「勉強は大切だ」と思いながら、「勉強は好きだ」と思っている子どもは五割にも満たないそうです。教科書や文字ばかりが並ぶ参考書を読むことだけが勉強ではありません。子どもたちが大好きなまんがを読みながら、勉強することもできるのです。

本書が、「勉強はつまらない」と苦痛に感じている子どもに「勉強の面白さ」を知ってもらうための一助になることを願ってやみません。

この本では、子どもが日本語に興味を持てるよう、漢字の起こりや言葉の語源など、学会でも異説のあるものについては、できるだけわかりやすい説を採り上げました。また、漢字についても、言葉の意味や違いをはっきりさせるために、学年配当漢字・教育漢字・常用漢字の枠を外して使用した個所もあります。

なお、下段の問題は、正解を求めるテストとしてではなく、クイズのように皆で話し合って考えるようにお使いいただければ、より日本語への興味が広がると思います。

もくじ

■文とことばのきまり

■ことばのつかい方

■カタカナ

■ことばあそび

■かん字あそび

第1章　漢字の起こりと意味

かん字《じ》のでき方《かた》 — しぜんの形《かたち》

名まえ

山・木

いいながめだね。
ねえねえ、山《やま》の形《かたち》って、「山」というかん字《じ》ににてない？
それははんたいだよ。山《やま》の形《かたち》から「山」という字《じ》ができたんだ。
ジャーーン
モノシリ王子《おうじ》。
きみはだれ？
「山」というかん字《じ》はこうしてできたんだよ。
「木」というかん字《じ》は、木《き》が、ねをはって生《は》えているようすからできたんだ。
モノシリ王子…？
木《き》が、ねをはっている形《かたち》なのか。

問題《もんだい》 どんなかん字《じ》になったのかな。□にかん字《じ》を書《か》こう。

①

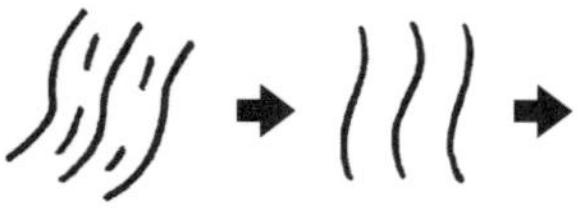

□

②

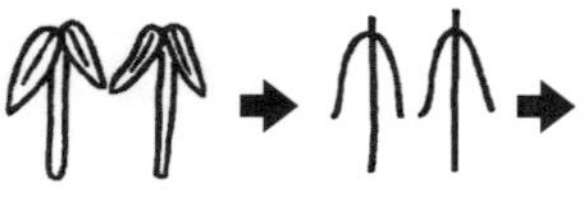

□

③

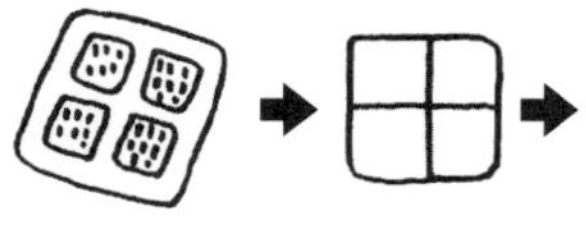

□

④

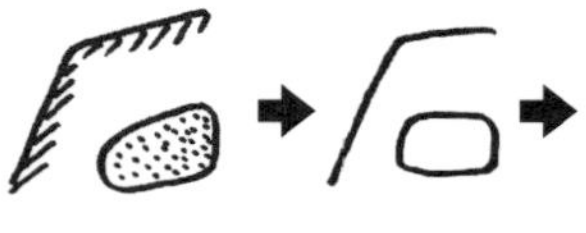

□

かん字《じ》のでき方《かた》 — しぜんの形《かたち》

名まえ

日・月
さん
さん
お日《ひ》さまが
まぶしい！
お日《ひ》さまが
見《み》ているからかな。
ダハハ…
何《なに》、ばかを
言《い》ってるんだよ。
いや～、
そうかも
しれないよ。
「日」という
かん字《じ》はこうして
できたからね。
目《め》みたいだあ！
ほ～
「月」は
三日月《みかづき》の形《かたち》だよ。
ムッ…
ほほ～
ねえ、まん月《げつ》じゃだめなの？
たしかに
えっと、それはほら、
月《つき》はいろいろな形《かたち》に
かわるからね……。
日《ひ》と月《つき》が同《おな》じ字《じ》に
なっちゃうしね。

問題《もんだい》 どんなかん字《じ》になったのかな。□にかん字《じ》を書《か》こう。

①

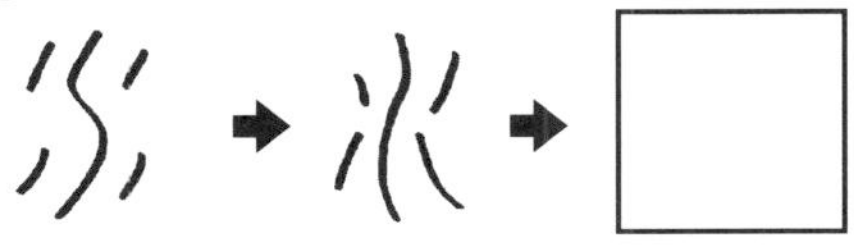

②

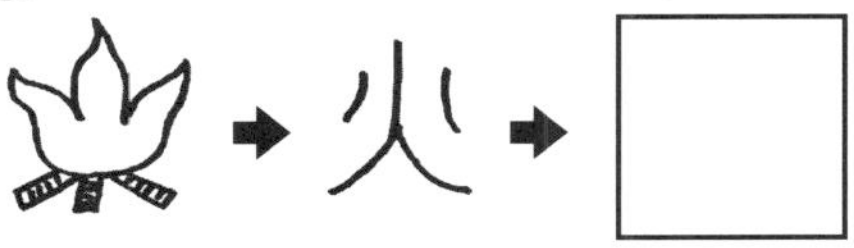

③

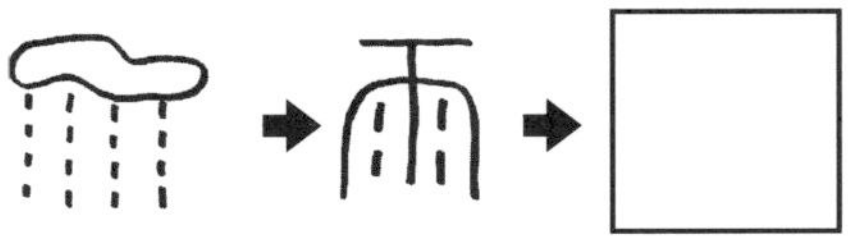

④

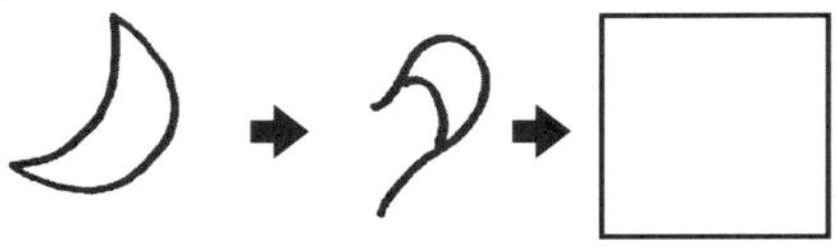

かん字《じ》のでき方《かた》 — 体《からだ》の形《かたち》

名まえ

目・手

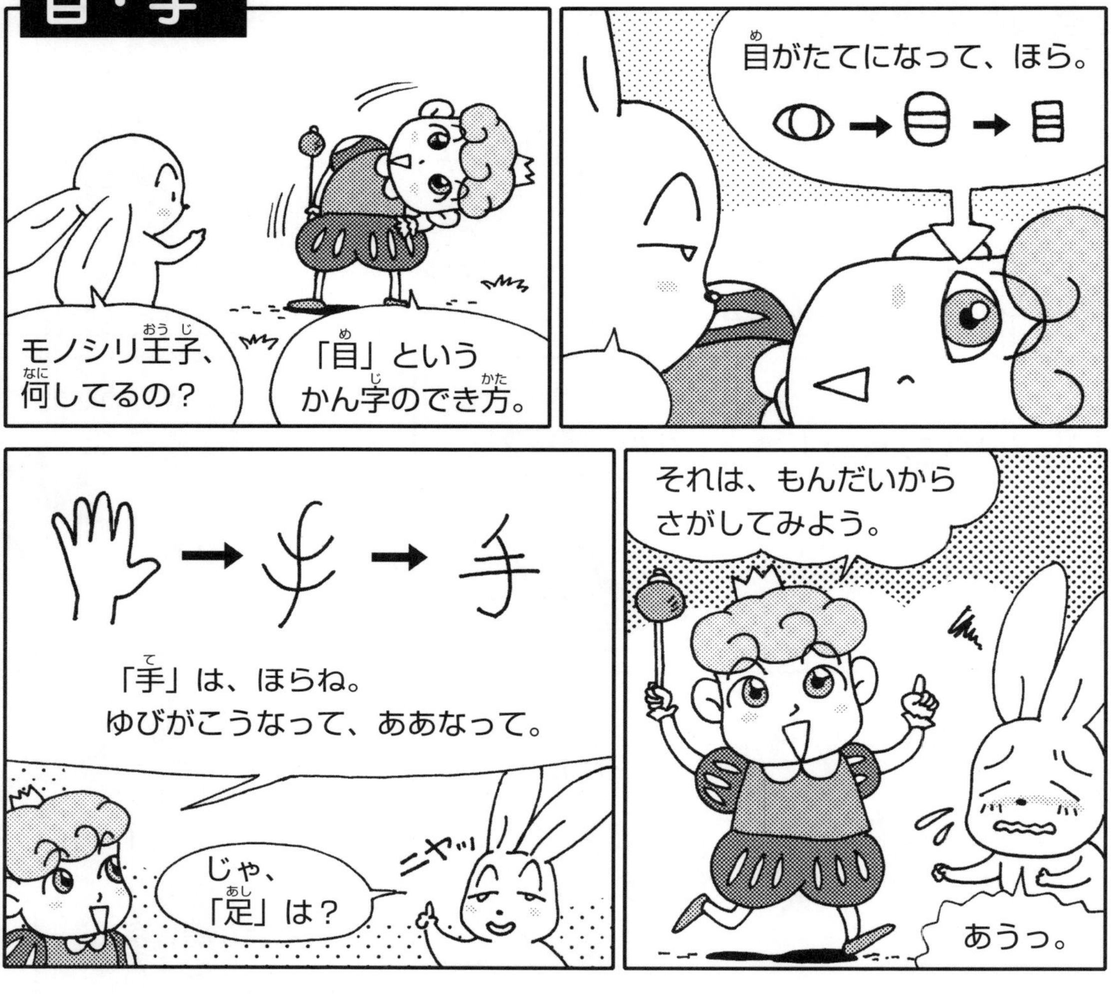

モノシリ王子《おうじ》、何《なに》してるの？
「目《め》」というかん字《じ》のでき方《かた》。
目《め》がたてになって、ほら。
「手《て》」は、ほらね。ゆびがこうなって、ああなって。
じゃ、「足《あし》」は？
ニヤッ
それは、もんだいからさがしてみよう。
あうっ。

問題《もんだい》 どんなかん字《じ》になったのかな。□にかん字《じ》を書《か》こう。

①

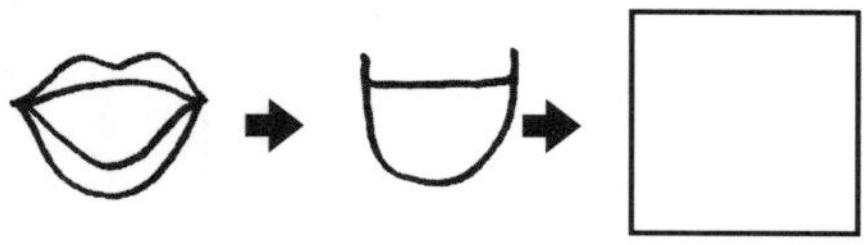

③

②

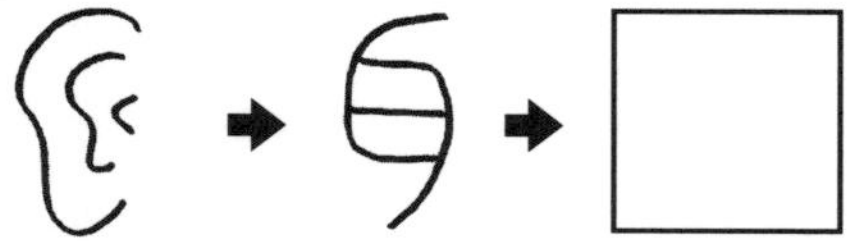

④

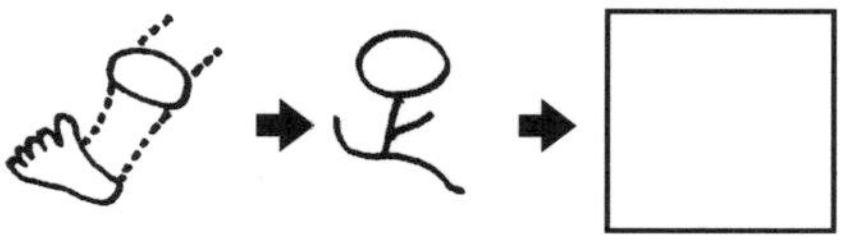

かん字《じ》のでき方《かた》 — 人《ひと》のすがた

名まえ

女・母

これは何《なに》に見《み》える？
すわっている人《ひと》!!
う〜ん、なんだか人《ひと》みたい。
そう、これは女《おんな》の人《ひと》がすわっているすがたからできたかん字《じ》だよ。
女
へえ。
おっぱいをつけたらお母《かあ》さんみたいだ。
そのとおり！
母
「母《はは》」というかん字《じ》のできあがり。
ママ〜〜〜っ！
ママに会《あ》いたいよ〜!!
ずいぶんあまえんぼうだな。

問題《もんだい》 どんなかん字《じ》になったのかな。□にかん字《じ》を書《か》こう。

①

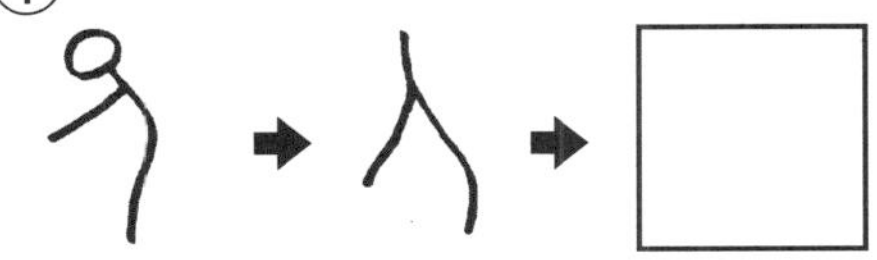

③ ヒント：赤《あか》ちゃんのすがた。

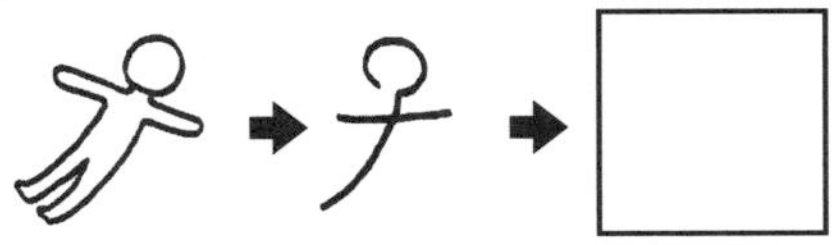

②

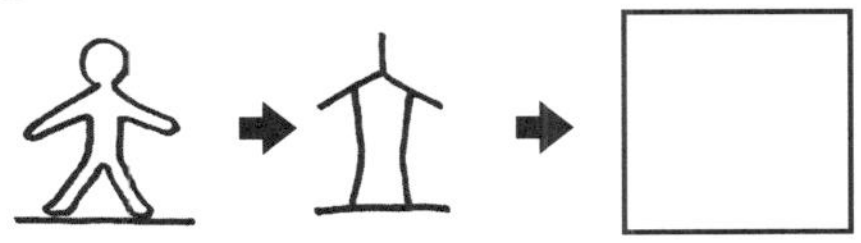

④

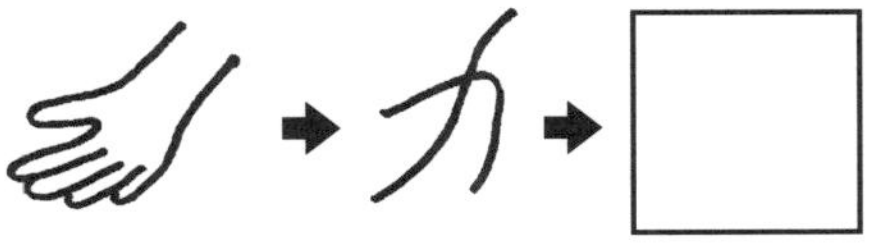

かん字《じ》のでき方《かた》 — 生《い》きもののすがた

名まえ

魚

生《い》きものの形《かたち》からできた
かん字《じ》ってあるのかな?
魚《さかな》なんか
どうだろう?
こんなだったりして……。
当《あ》たり～!
あれ、どこから
出《で》てきたんだ?
ボクは、どこからでも出《で》てくるぞ～!
ひょえ～
生《い》きもののすがたから
できたかん字《じ》はたくさんあるよ。
もんだいでよく見《み》てね。

問題《もんだい》 どんなかん字《じ》になったのかな。□にかん字《じ》を書《か》こう。

①

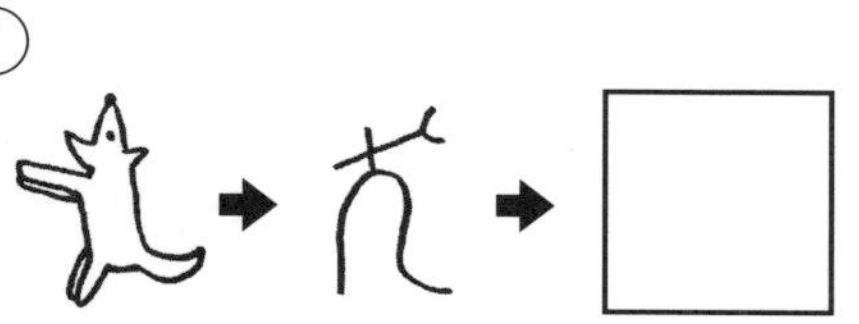

②

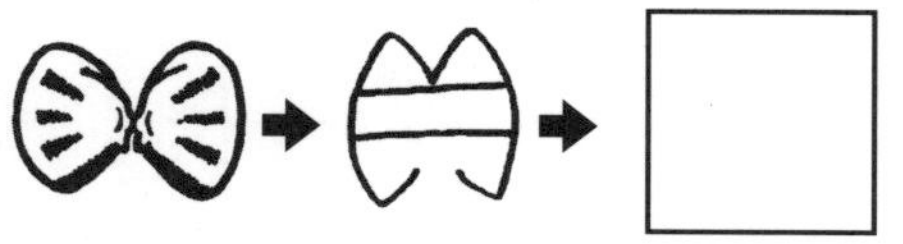

③

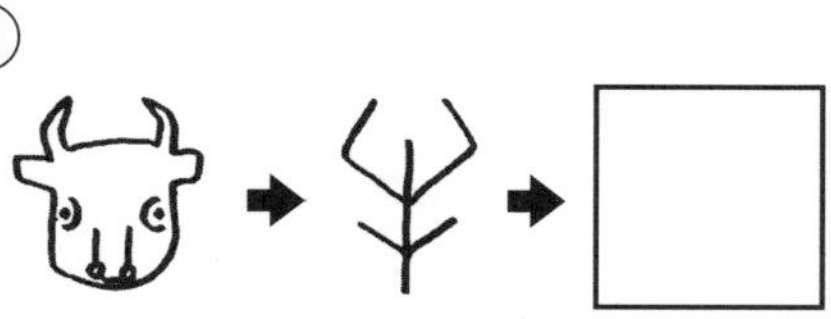

④

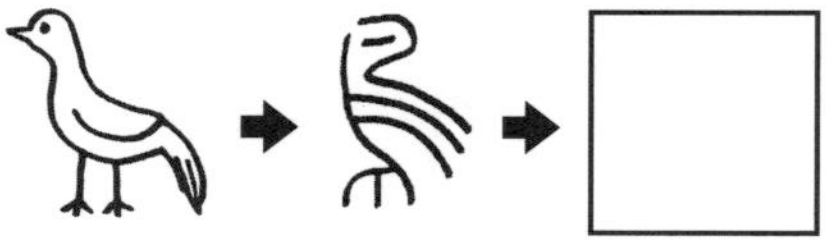

かん字《じ》のでき方《かた》 — ものの形《かたち》

名まえ

門・戸

おっ、せいぶげき
みたいで
カッコいいぞ！
あのドア、
何《なに》かににていない？
「門《もん》」という
かん字《じ》だ！
当《あ》たり！
→ → →
門
かたほうだけ見《み》ると、
→ → 戸
って、「戸《と》」になるよ。
じゃあ、あれはドアだから
「戸《と》」じゃなきゃおかしいよ！
まあまあ

問題《もんだい》 どんなかん字《じ》になったのかな。□にかん字《じ》を書《か》こう。

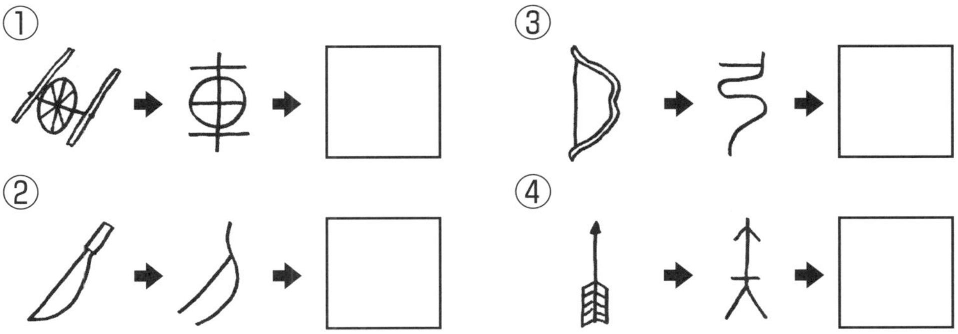

①
車
②
③
④

かん字《じ》のでき方《かた》 — 形《かたち》であらわせないもの

名まえ

上・中

ここに、じゅうたんがあります。
ワクワク
と、とぶのか？
これをここにおいて、
？
上
しきものの上《うえ》に、ものがあるようす。つまり、これが「上《うえ》」という字《じ》になった。
「中《なか》」は、わっかの中《なか》にはたざおが立《た》っているようすなんだ。
中
「下《した》」は？
「下《した》」は、もんだいからさがしてね。

問題《もんだい》 どんなかん字《じ》になったのかな。□に書《か》こう。

①

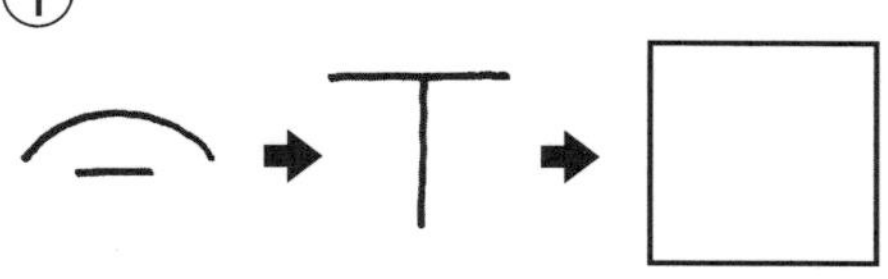

②

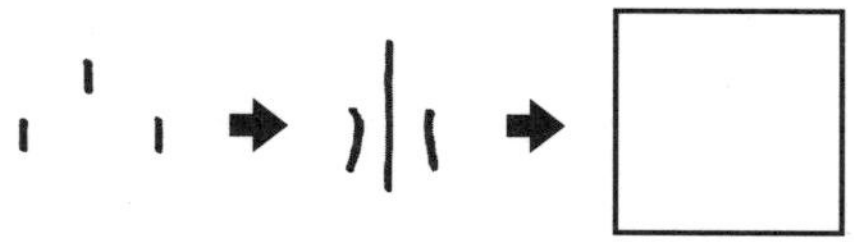

③

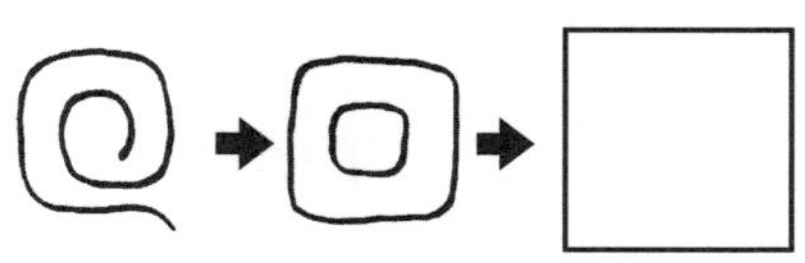

④

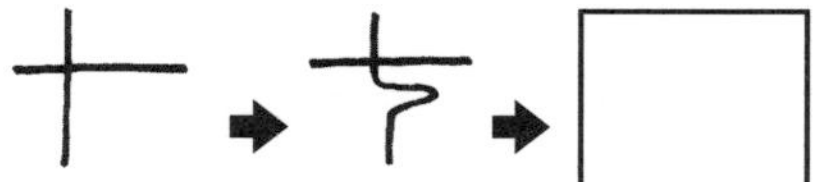

ヒント：数《かず》のかん字《じ》。８－１＝？

かん字《じ》のでき方《かた》 ― 組《く》み合《あ》わせてできたかん字《じ》

名まえ

右・左

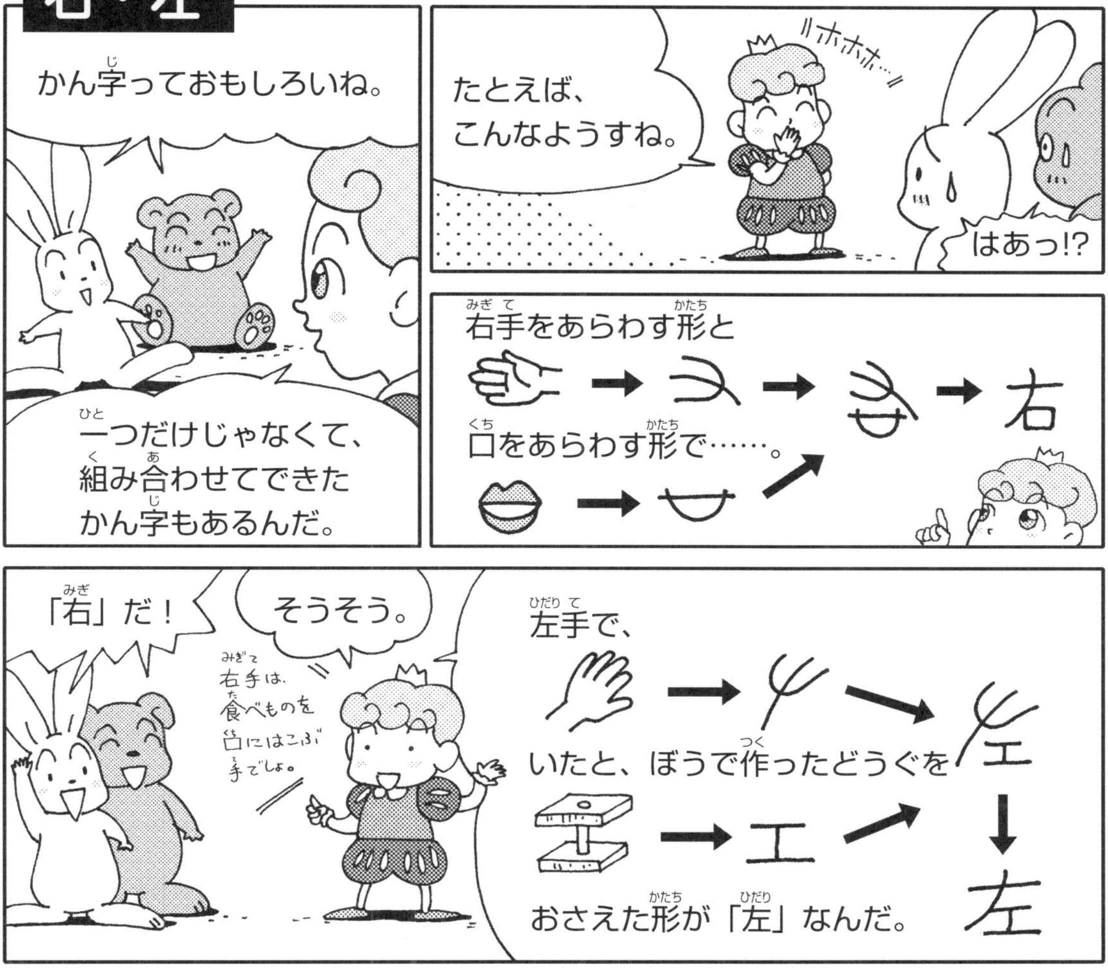

かん字《じ》っておもしろいね。
一《ひと》つだけじゃなくて、組《く》み合《あ》わせてできたかん字《じ》もあるんだ。
たとえば、こんなようすね。
ホホホ…
はあっ!?
右手《みぎて》をあらわす形《かたち》と
口《くち》をあらわす形《かたち》で……。
右
「右《みぎ》」だ！
そうそう。
右手《みぎて》は、食《た》べものを口にはこぶ手でしょ。
左手《ひだりて》で、
いたと、ぼうで作《つく》ったどうぐを
おさえた形《かたち》が「左《ひだり》」なんだ。
左

問題《もんだい》 どんなかん字《じ》になったのかな。□にかん字《じ》を書《か》こう。

①

②

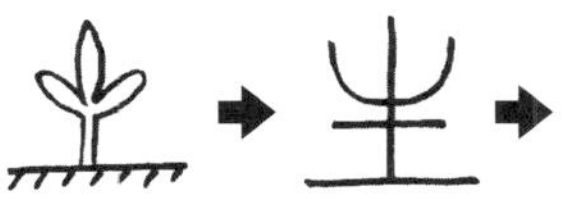

③

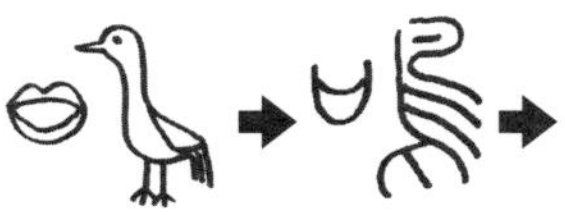

④

かん字《じ》のでき方《かた》 — 雨《あめ》のつくかん字《じ》

名まえ

雲

組《く》み合《あ》わせると、こんな字《じ》もできるよ。
あれを見《み》て！
ん？
雲《くも》？
あのもくもくしている形《かたち》が……。
云
そして、あそこから雨《あめ》がふるから、「雨《あめ》」と合体《がったい》してできた字《じ》が……。
もくもく
「雲《くも》」かあ！
なんて言《い》ってたら、雨《あめ》だ～～！
ザ
ちなみに「雨《あめ》」のつくかん字《じ》は、雨《あめ》にかんけいあるかん字《じ》が多《おお》いよ。

問題《もんだい》 下《した》の字《じ》が「雨」と合体《がったい》すると、どんなかん字《じ》ができるかな。

① 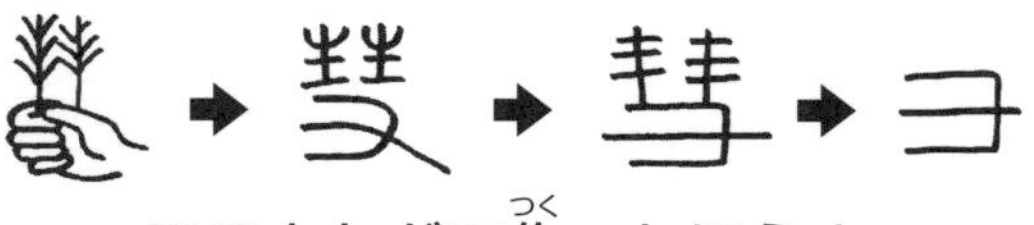

ススキなどで作《つく》ったほうき。

地上《ちじょう》をほうきではいたように、まっ白《しろ》にするよ。

② 

長《なが》くのびるということをあらわす。

もとは、いなずまや、いなびかりのこと。

かん字《じ》のでき方《かた》 — 木《き》のつくかん字《じ》

名まえ

林・森

「木《き》」の字《じ》のでき方《かた》おぼえてる？
木《き》が、大地《だいち》にねをはったようす。
じゃ、木《き》が二本《にほん》ならんで生《は》えていたら、な～んだ？
なぞなぞ？
いや、まじめに。
それは、「林《はやし》」だな。
林
三《みっ》つならんでいたら、木《き》がたくさんあるところ、「森《もり》」というかん字《じ》になる。
森
おお丶！スゴイ!!
ねえ、四《よっ》つあったら？？？
ねえねえ、モノシリ王子《おうじ》！
え…えっと…、ジャングル！
モノシリ王子《おうじ》、うそはいけません。うそは！

問題《もんだい》 どんなかん字《じ》になったのかな。□にかん字《じ》を書《か》こう。

①  木《き》のねもとにしるしをつけたかん字《じ》。… □

②  人《ひと》が木《き》のかげでやすんでいるようす。… □

③ 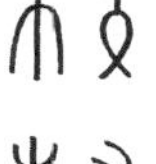 「木」＋「交」というかん字《じ》だよ。………… □

④  「木」＋「寸」というかん字《じ》だよ。………… □

かん字《じ》のでき方《かた》 — 田《た》のつくかん字《じ》

名まえ

田・里
ここは田《た》んぼです。何《なに》かににてないかい？
田《た》んぼの「田《た》」の字《じ》！
そうで〜す！田《た》んぼのようすを字《じ》にしたのが「田《た》」だよ。
この「田《た》」にね、土《つち》をもり上《あ》げた形《かたち》がくっついたのが…、
土
あの〜。
「里《さと》」だよ！
たて、よこのすじを入《い》れて、きちんとせいりされた田《た》や人《ひと》のすむところ、「里《さと》」をあらわしているんだ。
ぼくたちも、きちんとすじを入《い》れてみました。

問題《もんだい》 どんなかん字《じ》になったのかな。□にかん字《じ》を書《か》こう。

①  「田《た》」で「力《ちから》」を出《だ》してはたらいている人《ひと》… □

②  「田《た》」に「丁《ちょう》」の形《かたち》に道《みち》ができていって…… □

③  「田《た》」にたねを、さっとまきちらす……… □

たねをまくすがたが、つぎつぎと入《い》れかわっていくじゅんばん。

かん字《じ》のでき方《かた》 ― 日《ひ》のつくかん字《じ》

名まえ

時

「日《ひ》」はお日《ひ》さまからできたかん字《じ》。
この「日《ひ》」がつくかん字《じ》は、お日《ひ》さまにかんけいのある字《じ》が多《おお》いよ。
たとえば…。
これは手《て》と足《あし》をうごかして、前《まえ》にすすむことをあらわすんだ。
そして「日《ひ》」と合《あ》わさると、「時《とき》」という字《じ》になる。
お日《ひ》さまがだんだんすすんでいくこと。
つまり時間《じかん》がたっていくことをあらわすんだよ。
かーあ
おおっ！

問題《もんだい》 日《ひ》のつくかん字《じ》だよ。のこりのぶぶんを書《か》いてね。

① 日《あか》るい。

② 日《は》れる。

③ 日《ほし》が光《ひか》る。

④ 日《はや》い。

かん字《じ》のでき方《かた》 ― イのつくかん字《じ》

名まえ

休

「人《ひと》」という字《じ》は、こうやってできたんだ！
人 → イ
そこから「イ」ができた。人《ひと》にかんけいした字《じ》についているものだよ。
休
この字《じ》は、「人《ひと》」が「木《き》」のかげでゆっくりしているようすだよ。
「休《やす》」むという字《じ》だね。
ふうん。
そうそう、そんなかんじ！
ぼく、くまだけどね。
ほかにはどんな字《じ》があるのか、もんだいをやってみよう！

問題《もんだい》 「イ」のつくかん字《じ》だけ黒《くろ》くぬろう。どんな字《じ》になるかな。

①

作	村	時	糸	町
休	体	何	作	休
体	明	休	林	校
川	花	作	体	何
校	町	何	明	草
晴	林	体	休	作
山	時	何	村	晴

②

体	何	休	体	作	休
村	虫	組	船	何	草
明	海	読	時	作	話
休	作	体	車	休	時
何	林	作	糸	体	校
休	体	何	地	作	池
引	町	外	晴	何	星

かん字《じ》の組《く》み立《た》て ― かん字《じ》のぶぶん

名まえ

くっついたかん字《じ》

かん字《じ》をまとめていくと
おもしろいよ！
時
明
晴
春
昼
「日」のつく字《じ》は、
お日《ひ》さまや日数《にっすう》にかんけいが
あるものが多《おお》いでしょ。
「木」がつく字《じ》は、
木《き》のせいしつや、木《き》で
作《つく》ったものが多《おお》いよ。
「雨」のつく字《じ》は、
雨《あめ》にかんけいしたものだし、
「亻」のつく字《じ》は、
人《ひと》にかんけいしている
字《じ》が多《おお》いんだ。
まだまだあるよ！
「糸」のつく字《じ》は、
糸《いと》のせいしつや、
ぬのにかんけいあるもの、
「言」のつく字《じ》は、
ことばにかんけいあるんだ。
「女」のつく字《じ》は、
女《おんな》の人《ひと》にかんけい
あるよ。
もんだいで、それぞれ
見《み》てみよう！

問題《もんだい》 右《みぎ》のかん字《じ》を①～③のなかまに分《わ》けて、□に書《か》こう。

①「糸」の ついたかん字《じ》 □

②「言」の ついたかん字《じ》 □

③「女」の ついたかん字《じ》 □

紙	読	組
絵	姉	計
話	細	語
妹	線	記

かん字《じ》の組《く》み立《た》て ― かん字《じ》のぶぶん

名まえ

かん字《じ》のなかま分《わ》け

字《じ》には、同《おな》じぶぶんをもつものがあるよ。
おっ！同《おな》じセーター
左《ひだり》がわが同《おな》じぶぶんには、「彳」「弓」「氵」などがあるんだ。
右《みぎ》がわが同《おな》じものには、「頁」「攵」など。
海
活
頭
顔
ふーん
上《うえ》がわが同《おな》じものは、「宀」「艹」「⺮」などなど。
ほうしも同《おな》じだ!!
下《した》がわには「灬」。
そのほかにも、同《おな》じぶぶんがある字《じ》がたくさんあるよ。「辶」「广」「口」「門」などね。
それぞれ、どんな字《じ》があるか、もんだいをやってみよう！

問題《もんだい》 同《おな》じぶぶんのあるかん字《じ》をさがして、（　）に書《か》こう。

① 海（　　　）　⑥ 数（　　　）
② 後（　　　）　⑦ 間（　　　）
③ 家（　　　）　⑧ 顔（　　　）
④ 秋（　　　）　⑨ 道（　　　）
⑤ 花（　　　）　⑩ 広（　　　）

頭　汽　行
科　教
室　店　茶
通　聞

かん字《じ》と読《よ》み — とくべつな読《よ》み方《かた》

名まえ

お父《とう》さん、お母《かあ》さん

かん字《じ》の読《よ》み方《かた》には、ちょっとおもしろいことがあるんだ。
なんだ なんだ?
「お父さん」「お母さん」は、なんて読《よ》む?
「おとうさん」!
「おかあさん」。
当《あ》たり! ところがね、「父」「母」だけだと、「とう」「かあ」って読《よ》み方《かた》はないんだ。
なんとっ!?
人《ひと》を数《かぞ》えるとき、「一人」「二人」って書《か》いて「ひとり」「ふたり」と読《よ》むけど、「人」という字《じ》だけだと「り」とは読《よ》まないんだよ。
わおっ!
ほかにも、そういうかん字《じ》がいっぱいあるので、さがしてみてね!

問題《もんだい》 読《よ》めるかな。とくべつな読《よ》み方《かた》で読《よ》んでみよう。

① お兄(　　　　)さん
② お姉(　　　　)さん
③ 時計(　　　　)
④ まっ赤(　　　　)
⑤ まっ青(　　　　)
⑥ 今朝(　　　　)
⑦ 今年(　　　　)
⑧ 二十日(　　　　)
⑨ 海原(　　　　)
⑩ 七夕(　　　　)

第2章　熟語の組み立てと意味

じゅく語《ご》—「どんな□」の組《く》み合《あ》わせ

名まえ

小川《おがわ》、小犬《こいぬ》、青空《あおぞら》

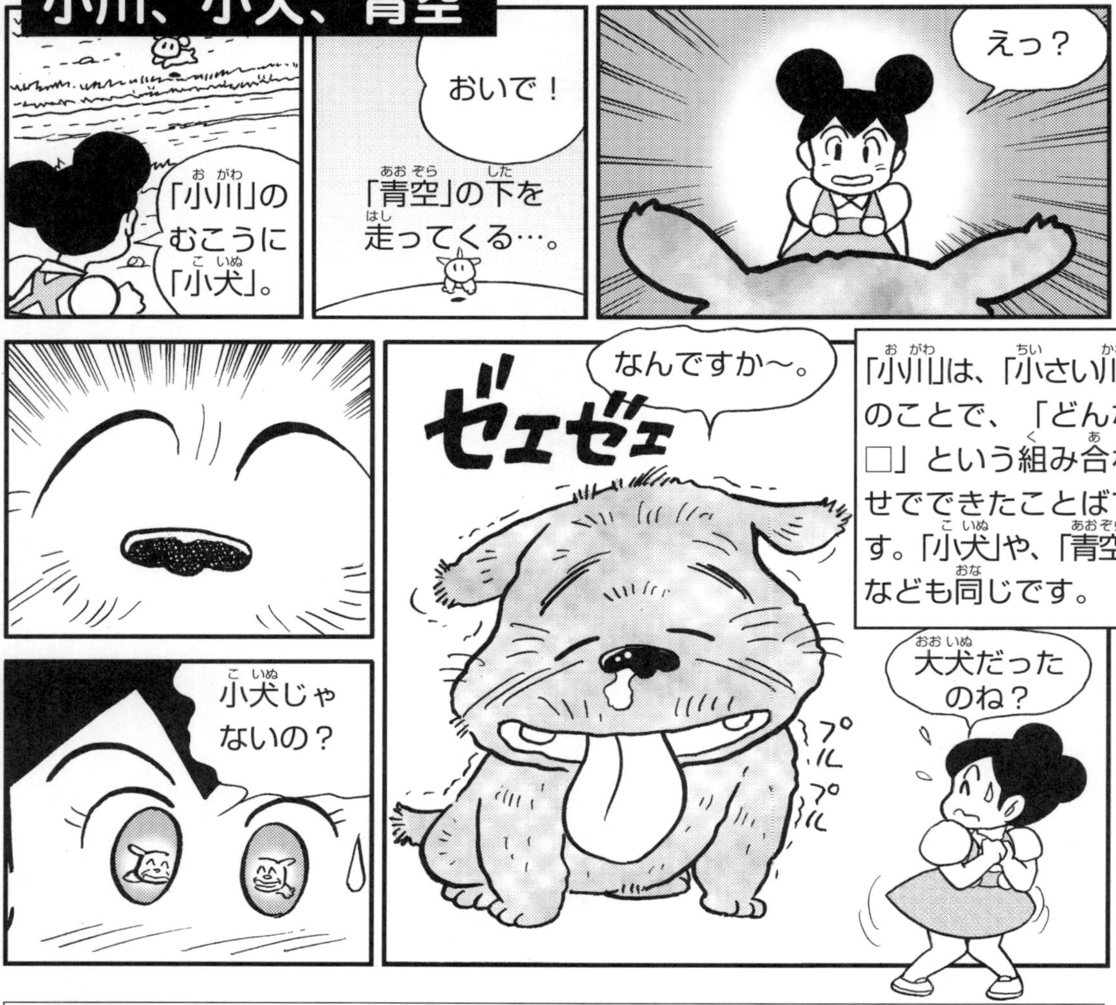

「小川《おがわ》」のむこうに「小犬《こいぬ》」。
おいで！
「青空《あおぞら》」の下《した》を走《はし》ってくる…。
えっ？
小犬《こいぬ》じゃないの？
なんですか〜。
ゼェゼェ
プルプル
「小川《おがわ》」は、「小《ちい》さい川《かわ》」のことで、「どんな□」という組《く》み合《あ》わせでできたことばです。「小犬《こいぬ》」や、「青空《あおぞら》」なども同《おな》じです。
大犬《おおいぬ》だったのね？

問題《もんだい》 つぎのいみをあらわす、かん字《じ》二字《にじ》のことばを書《か》こう。

① 青《あお》い空《そら》（　　　　）
② 大《おお》きな木《き》（　　　　）
③ 小《ちい》さな鳥《とり》（　　　　）
④ 高《たか》い山《やま》（　　　　）
⑤ 白《しろ》い馬《うま》（　　　　）
⑥ 古《ふる》い本《ほん》（　　　　）
⑦ 近《ちか》い道《みち》（　　　　）
⑧ 新《あたら》しい年《とし》（　　　　）

じゅく語《ご》 ―「□の□」の組《く》み合《あ》わせ

名まえ

右手《みぎて》、左手《ひだりて》、体力《たいりょく》

赤《あか》、上《あ》げて！
赤《あか》は「右手《みぎて》」！そっちは「左手《ひだりて》」…。
あっ、そう。
「右手《みぎて》」は、「右《みぎ》の手《て》」のことで、「□の□」という組《く》み合《あ》わせでできています。「左《ひだり》手《て》」、「体力《たいりょく》」も同《おな》じ。
では、もういちど。
赤上《あかあ》げて！
あっ、ごめん。
「体力《たいりょく》」テストじゃないんだってば……！

問題《もんだい》 つぎのいみをあらわす、かん字二字《じにじ》のことばを書《か》こう。

① 左《ひだり》の手《て》 （　　　）　⑤ 国《くに》の王《おう》 （　　　）

② 足《あし》の音《おと》 （　　　）　⑥ 日《ひ》の光《ひかり》 （　　　）

③ 男《おとこ》の子《こ》 （　　　）　⑦ 夜《よる》の空《そら》 （　　　）

④ 女《おんな》の子《こ》 （　　　）　⑧ 春《はる》の風《かぜ》 （　　　）

じゅく語《ご》 ―「□を□する」の組《く》み合《あ》わせ

名まえ

花見《はなみ》、時計《とけい》、音楽《おんがく》

ぼくが作《つく》った歌《うた》を歌《うた》ってあげるから、聞《き》くように！
えらそうに！
「花見」のときは～「時計」をもっていきましょ～
イイ～ッ
わっ！
ボ
みつおくんの歌《うた》は「音楽《おんがく》」になっていないのよ！
「音楽《おんがく》」は、「音《おと》を楽《たの》しむ」ことで、「□を□する」という組《く》み合《あ》わせでできています。
そんなにいやだったの？
ピー

問題《もんだい》 つぎのいみのかん字二字《じにじ》のことばと、その読《よ》みを書《か》こう。

① 月《つき》を見《み》ること　（　　　　　）　読《よ》み（　　　　　　　）

② 時間《じかん》を計《はか》るもの　（　　　　　）　読《よ》み（　　　　　　　）

③ 米《こめ》を作《つく》ること　（　　　　　）　読《よ》み（　　　　　　　）

④ 肉《にく》を食《た》べること　（　　　　　）　読《よ》み（　　　　　　　）

じゅく語《ご》—「□する□」の組《く》み合《あ》わせ

名まえ

食後《しょくご》、出口《でぐち》、作品《さくひん》

「食後《しょくご》」のさんぽで～す。
出口
入り口
だめ～！ ここは入《はい》っちゃいかん！
でも、入《い》り口《ぐち》でしょ。
PAPI
『入《い》り口《ぐち》』というわしの「作品《さくひん》」じゃ！
入り口
「食後《しょくご》」は、「食《た》べた後《あと》」のことで、「□する(した)□」という組《く》み合《あ》わせでできています。「出口《でぐち》」や「作品《さくひん》」なども同《おな》じ組《く》み合《あ》わせのことばです。
「作品《さくひん》」ねえ…。
こっちは、『出口《でぐち》』という「作品《さくひん》」。
出口
入り口
はい、はい。

問題《もんだい》 つぎのいみをあらわす、かん字二字《じにじ》のことばを書《か》こう。

① 食《た》べる前《まえ》（　　　　）　⑤ 売《う》る店《みせ》（　　　　）

② 食《た》べた後《あと》（　　　　）　⑥ 明《あ》くる日《ひ》（　　　　）

③ 歩《ある》く道《みち》（　　　　）　⑦ 明《あ》くる朝《あさ》（　　　　）

④ 歌《うた》う声《こえ》（　　　　）　⑧ 来《きた》る年《とし》（　　　　）

じゅく語《ご》 ― 「□や□」の組《く》み合《あ》わせ

名まえ

野原《のはら》、森林《しんりん》、草花《くさばな》

「手足《てあし》」をのばせて…、
「野原《のはら》」、大《だい》すき。
すきじゃないや。草《くさ》のかんむり作《づく》りなんか！
草《くさ》じゃないわ。花《はな》よ！
草《くさ》だよ。
花《はな》よ！
草《くさ》だ！
花《はな》！
草《くさ》！
「草《くさ》や花《はな》」を、「□や□」という組《く》み合《あ》わせのことばで、「草花《くさばな》」といいます。
花!!
草!!
どっちでもいいよ！

問題《もんだい》 つぎのいみのかん字二字《じにじ》のことばと、その読《よ》みを書《か》こう。

① 森《もり》や林《はやし》　（　　　　）　読《よ》み（　　　　）

② 風《かぜ》や雨《あめ》　（　　　　）　読《よ》み（　　　　）

③ 親《おや》と子《こ》　（　　　　）　読《よ》み（　　　　）

④ 兄《あに》と弟《おとうと》　（　　　　）　読《よ》み（　　　　）

じゅく語《ご》 ― はんたいことばの組《く》み合《あ》わせ

名まえ

左右《さゆう》、遠近《えんきん》、上下《じょうげ》

こら、まて。
わたるときは、「左右《さゆう》」をよく見《み》て。
まだ、車《くるま》は遠《とお》いからだいじょうぶ。
「遠近《えんきん》」のことじゃなくて！
しんごうをまもろうね。
あっ！
ポタッ
くそ〜っ。
「上下《じょうげ》」も気《き》をつけなくちゃね。
「左右《さゆう》」は、「右《みぎ》と左《ひだり》」、あるいは「右《みぎ》や左《ひだり》」ということで、はんたいことばの組《く》み合《あ》わせでできています。「遠近《えんきん》」や「上下《じょうげ》」なども同《おな》じようなことばです。

問題《もんだい》 つぎのいみのかん字二字《じにじ》のことばと、その読《よ》みを書《か》こう。

① 大《おお》きい小《ちい》さい（　　　　）読《よ》み（　　　　　）

② 多《おお》い少《すく》ない（　　　　）読《よ》み（　　　　　）

③ 強《つよ》い弱《よわ》い（　　　　）読《よ》み（　　　　　）

④ 売《う》る買《か》う（　　　　）読《よ》み（　　　　　）

じゅく語《ご》 — にていることばの組《く》み合《あ》わせ

名まえ

見学《けんがく》、歩行《ほこう》、休止《きゅうし》

今日《きょう》は「見学《けんがく》」よ。
行《い》こう〜！
バス、電車《でんしゃ》？
「歩行《ほこう》」よ！
歩《ある》いて行《い》くのよ。
ええっ、歩《ある》き〜！
ちゃんと歩《ある》きなさいよ。
ズルズル
「休止《きゅうし》」〜！
ちょっと休《やす》みましょ。
つかれたね。
だれが！
「見学《けんがく》」は「見《み》る・学《まな》ぶ」を組《く》み合《あ》わせたことばです。「歩行《ほこう》」や「休止《きゅうし》」も、同《おな》じように、いみがにていることばを組《く》み合《あ》わせてできています。

問題《もんだい》 つぎのいみのかん字二字《じにじ》のことばと、その読《よ》みを書《か》こう。

① 休《やす》んで止《と》まる（　　　　）読《よ》み（　　　　）

② 広《ひろ》くて大《おお》きい（　　　　）読《よ》み（　　　　）

③ 弱《よわ》くて小《ちい》さい（　　　　）読《よ》み（　　　　）

④ 思《おも》って考《かんが》える（　　　　）読《よ》み（　　　　）

じゅく語《ご》—ひっくりかえった組《く》み合《あ》わせ

名まえ

入学《にゅうがく》、読書《どくしょ》、通学《つうがく》

小学校《しょうがっこう》に入《はい》ったのが二年前《にねんまえ》。
つまり「入学《にゅうがく》」してから二年《にねん》。
ちゃんと「読書《どくしょ》」はしてきたの？
エッヘン
100さつは読《よ》んだかな。
本
すご〜い！
「通学《つうがく》」のときも「読書《どくしょ》」してるもんね。
二宮金次郎《にのみやきんじろう》みたいだね。
でも、マンガは読書《どくしょ》になるのかしら？
あちゃ！
ピロロン
「入学《にゅうがく》」は「学校《がっこう》」に「入《はい》る」ことで、「学《がく》・入《にゅう》」がひっくりかえってできたことばです。「通学《つうがく》」は「学校《がっこう》に通《かよ》う」こと、「読書《どくしょ》」は「書《しょ》を読《よ》む」ことです。

問題《もんだい》 つぎのいみのかん字二字《じにじ》のことばと、その読《よ》みを書《か》こう。

① 文《ぶん》を作《つく》る　(　　　)　読《よ》み(　　　)

② 国《くに》に帰《かえ》る　(　　　)　読《よ》み(　　　)

③ 店《みせ》に来《く》る　(　　　)　読《よ》み(　　　)

④ 門《もん》(なかま)に入《はい》る(　　　)　読《よ》み(　　　)

じゅく語《ご》 ― かん字三字《じさんじ》のじゅく語《ご》

名まえ

画用紙《がようし》、絵日記《えにっき》、四角形《しかくけい》

ママ、「画用紙《がようし》」は？
あら、絵《え》でもかくの？
うん、今日《きょう》から「絵日記《えにっき》」をつけるんだ。
それじゃ、「画用紙《がようし》」でなくてもいいわね。はい、「四角形《しかくけい》」の白《しろ》い紙三《かみさん》まいね。
なんで？
三日後《みっかご》！
ママー！
紙《かみ》が一《いち》まいあまったよ。
三日《みっか》ぼうずにもならなかったの？ほんとにあなたって子《こ》は！
「画用紙《がようし》」は、「画《が》(絵《え》)」をかく「用紙《ようし》」といういみです。また、「四《し》角形《かくけい》」は、「四角《しかく》」い「形《かたち》」ですね。このように「□＋□□」、「□□＋□」でできたことばがあります。

問題《もんだい》 つぎのいみをあらわす、かん字三字《じさんじ》のことばを書《か》こう。

① 大《おお》きい広間《ひろま》
（　　　　　　）

② 古《ふる》い新聞《しんぶん》
（　　　　　　）

③ 新聞《しんぶん》を出《だ》す会社《かいしゃ》
（　　　　　　）

④ 外国《がいこく》の人《ひと》
（　　　　　　）

四字《よじ》じゅく語《ご》 — かん字《じ》四字《よじ》のじゅく語《ご》

名まえ

春夏秋冬《しゅんかしゅうとう》、林間学校《りんかんがっこう》

「春夏秋冬《しゅんかしゅうとう》」、どのきせつがすき？
ぜったい夏《なつ》だ！
海《うみ》でおよげる！
すいかも食《た》べられる！
花火《はなび》もできる！
それに、「林間学校《りんかんがっこう》」もある！
できれば、ず〜っと夏休《なつやす》みならいいのになあ！
わしもそう思《おも》う。
わっ、「校長先生《こうちょうせんせい》」！
「春夏秋冬《しゅんかしゅうとう》」は、「春《はる》」「夏《なつ》」「秋《あき》」「冬《ふゆ》」の四《よっ》つのきせつを一《ひと》つにしてできたことばです。
また、「林間学校《りんかんがっこう》」や「校長先生《こうちょうせんせい》」は、かん字《じ》で二字《にじ》のことばを組《く》み合《あ》わせてできています。

問題《もんだい》 つぎのいみをあらわす、かん字四字《じよじ》のことばを書《か》こう。

① 東《ひがし》、西《にし》、南《みなみ》、北《きた》の、四方《しほう》のこと。（　　　　　）

② クラスで作《つく》っている新聞《しんぶん》。（　　　　　）

③ 日曜《にちよう》だけ大工《だいく》しごとをすること。（　　　　　）

④ 人気《にんき》のある歌手《かしゅ》。（　　　　　）

四字《よじ》じゅく語《ご》 — 数《かず》が出《で》てくる四字《よじ》じゅく語《ご》

名まえ

一心同体《いっしんどうたい》

パピポ、あそぼ！
うんどう会《かい》の二人三《ににんさん》きゃくのれんしゅう。
いや。
ピロポ
そんなこと言《い》うなよ。
いや。
いや。
いや。
いや。
いや。
いや。
いや。
じゃあ、行《い》くよ！
よういドン！
そっちじゃない！
う〜ん。
グイ
一心同体《いっしんどうたい》にならなきゃかてないだろ！
ズルズル
べつべつの人《ひと》の気《き》もちがいっしょになること。
そんなにいやかよ！

問題《もんだい》 「一心同体《いっしんどうたい》」を正《ただ》しくつかっている文《ぶん》、二《ふた》つに○をつけよう。

(　　) ① 明日《あす》はテストなので一心同体《いっしんどうたい》にべんきょうした。

(　　) ② うちのねこは家《か》ぞくと一心同体《いっしんどうたい》だ、という人《ひと》もいる。

(　　) ③ クラスは一心同体《いっしんどうたい》だから、いろんな人《ひと》がいる。

(　　) ④ クラスのみんなが一心同体《いっしんどうたい》になってがんばった。

(　　) ⑤ 山《やま》から町《まち》が見《み》わたせるので、みんな一心同体《いっしんどうたい》だ。

名まえ

一石二鳥《いっせきにちょう》

おつかい、
おねがいするわ。
は〜い。
ついでに
ポチのさんぽも
おねがいね。
は〜い。
みつおくん、
ポチのさんぽ？
ちがうよ、
おつかいだよ。
一石二鳥《いっせきにちょう》ね。
一《ひと》つの石《いし》で二《に》羽《わ》の鳥《とり》
をおとすことから、
一《ひと》つのことをして、
二《ふた》つとくをすること。
それで、
どこまで？
えっ！
聞《き》くの、わすれた。

問題《もんだい》 「一石二鳥《いっせきにちょう》」を正《ただ》しくつかっている文《ぶん》、二《ふた》つに○をつけよう。

(　　) ① 千円《せんえん》もらったけどおとしちゃった。一石二鳥《いっせきにちょう》だ。

(　　) ② なくしたと思《おも》った本《ほん》が出《で》てきた。一石二鳥《いっせきにちょう》だ。

(　　) ③ テレビを見《み》ながら本《ほん》を読《よ》んでも一石二鳥《いっせきにちょう》だよ。

(　　) ④ マンガが読《よ》めて、ちしきもふえる。一石二鳥《いっせきにちょう》だ。

(　　) ⑤ よくばって一石二鳥《いっせきにちょう》をねらってもうまくいかない。

四字《よじ》じゅく語《ご》 — 数《かず》が出《で》てくる四字《よじ》じゅく語《ご》

名まえ

十年一日《じゅうねんいちじつ》

赤《あか》ちゃんのころ…。
ようち園《えん》のころ…。
入学《にゅうがく》したころ…。
さみしがりやなのは、十年一日《じゅうねんいちじつ》。
あまったれ
だれが!
長《なが》い年月《ねんげつ》の間《あいだ》、かわることなく同《おな》じであること。しんぽがないこと。

問題《もんだい》 「十年一日《じゅうねんいちじつ》」を正《ただ》しくつかっている文《ぶん》を一《ひと》つえらぼう。

(　　) ① 今年《ことし》の十年一日《じゅうねんいちじつ》は、水《すい》よう日《び》だ。

(　　) ② ピアノをならっても、十年一日《じゅうねんいちじつ》にはひけない。

(　　) ③ 外国《がいこく》にいる父《ちち》を、十年一日《じゅうねんいちじつ》の思《おも》いでまっていた。

(　　) ④ はねつきは、十年一日《じゅうねんいちじつ》、かわらないあそびだ。

(　　) ⑤ 科学《かがく》は、十年一日《じゅうねんいちじつ》のいきおいですすんでいく。

四字《よじ》じゅく語《ご》 ― 数《かず》が出《で》てくる四字《よじ》じゅく語《ご》

名まえ

十人十色《じゅうにんといろ》

まあ！
ワン
すごい〜！
ワン
ワン
え〜っとね。
ペロ ペロ
この子《こ》がいちばん！
え〜っ！
こっちのほうがかわいいぞ〜。
でも、このみは十人十色《じゅうにんといろ》だから。
すききらいや、考《かんが》え方《かた》などは、人《ひと》によってちがうということ。

問題《もんだい》 つぎの四字《よじ》じゅく語《ご》のいみに近《ちか》いものに○をつけよう。

① 十中八九《じっちゅうはっく》　（　　）ア．みんな、なかよくしよう。

（　　）イ．たぶん、そうなるだろう。

② 一日千秋《いちじつせんしゅう》　（　　）ア．そんなこと、できないと思《おも》う。

（　　）イ．とても、まちどおしいと思《おも》う。

四字《よじ》じゅく語《ご》 — しぜんから学《まな》ぶ四字《よじ》じゅく語《ご》

名まえ

弱肉強食《じゃくにくきょうしょく》

ママ〜、おやつ！
マリちゃんのも。
はあい。
あら、こまった。
ケーキが一《いと》つしかないわ。
それじゃあ、うでずもうでかったほうが食《た》べよう！
わっ、ずるい！
ありゃ！
グイー
うう〜。
弱肉強食《じゃくにくきょうしょく》ね。
弱《よわ》いものが、強《つよ》いもののえじきになること。強《つよ》いものがかちのこってゆくこと。

問題《もんだい》 「弱肉強食《じゃくにくきょうしょく》」を正《ただ》しくつかっている文《ぶん》、二《ふた》つに○をつけよう。

（　　）① ぼくが食《た》べものをのこすのは弱肉強食《じゃくにくきょうしょく》だからだ。

（　　）② うちの犬《いぬ》は弱肉強食《じゃくにくきょうしょく》で、肉《にく》はあまり食《た》べない。

（　　）③ しぜんの中《なか》のどうぶつは、弱肉強食《じゃくにくきょうしょく》のくらしだ。

（　　）④ ぞうはとても大食《おおぐ》いで、弱肉強食《じゃくにくきょうしょく》のどうぶつだ。

（　　）⑤ スポーツは弱肉強食《じゃくにくきょうしょく》、力《ちから》のある人《ひと》がのこるんだ。

四字《よじ》じゅく語《ご》 ― しぜんから学《まな》ぶ四字《よじ》じゅく語《ご》

名まえ

電光石火《でんこうせっか》

みつおくん、アイスクリーム食《た》べる？
食《た》べる〜！
あっ！
ポロッ
パクッ
ザーッ
すごい！電光石火《でんこうせっか》ね。
ごちそうさま
サッ
とてもすばやいようす。もとは、とてもみじかい時間《じかん》のこと。
ギラギラ
あちい〜。

問題《もんだい》 「電光石火《でんこうせっか》」を正《ただ》しくつかっている文《ぶん》、二《ふた》つに○をつけよう。

(　　) ① ぞうとねずみの大《おお》きさのちがいは電光石火《でんこうせっか》だ。

(　　) ② 電光石火《でんこうせっか》のようにまてば、いいことがあるさ。

(　　) ③ 電光石火《でんこうせっか》のシュートがきまった。

(　　) ④ 夕日《ゆうひ》が、電光石火《でんこうせっか》のようにしずんでいった。

(　　) ⑤ 手《て》じなの、電光石火《でんこうせっか》の早《はや》わざを見《み》ぬけなかった。

第3章　語句の意味と使い方

ことばのいみ ― 同《おな》じだけどちがうことば

名まえ

かける

電話《でんわ》をかける。
月《つき》がかける。
ベンチにかける。
馬《うま》がかける。
かべにかける。
かぎをかける。
水《みず》をかける。
めがねをかける。
み〜んな、「かける」だよ〜！
しおをかける。
ブレーキをかける。
めいわくをかける。

問題《もんだい》 いみはちがうけど、同《おな》じことばがつながるよ。どれかな？

① 鳥《とり》が木《き》に／ホテルに／時計《とけい》が → □

② かさを／はちが／ゆびを → □

ア．ふる　イ．さす　ウ．きる　エ．とまる

ことばのいみ ― 同《おな》じだけどちがうことば

名まえ

つく

キノコ山《やま》えき
どろんこがつく。
えきにつく。
もちをつく。
つえをつく。
うそをつく。
電気《でんき》がつく。
ぜ〜んぶ
「つく」だよ〜！
まりをつく。
かねをつく。

問題《もんだい》 いみはちがうけど、同《おな》じことばがつながるよ。どれかな？

① つなを／くじを／ピアノを ― □

② ふえを／風《かぜ》が／ゆかを ― □

ア．ふく　　イ．いく　　ウ．つく　　エ．ひく

ことばのいみ ― 同《おな》じだけどちがうことば

名まえ

たかい

せがたかい。
たかい
山《やま》
たかい
声《こえ》がたかい。
おんどが
たかい。
音《おと》がたかい。
たかい、
たかい〜。
ねだんが
たかい。
$10,000,000

問題《もんだい》 いみはちがうけど、同《おな》じことばがつながるよ。どれかな？

① 夏《なつ》は
いたが
おふろが
→ □

② あじが
本《ほん》が
色《いろ》が
→ □

ア. こい　イ. うすい　ウ. あつい　エ. さむい

かん字《じ》といみ — 同《おな》じ読《よ》みをするかん字《じ》

名まえ

「子《こ》」と「小《こ》」

子犬
小犬
読《よ》み方《かた》は
いっしょだね。
子《こ》どもの犬《いぬ》だよ。
小《ちい》さな犬《いぬ》のことだよ。
ワン
ワン
こんなに
小《ちい》さくはない。
こっ、子犬《こいぬ》かよ。
でっかいぞ！
小犬《こいぬ》だね。
おとなだぞ
ワン
ワン

問題《もんだい》 読《よ》みは同《おな》じだけど、ちがうかん字《じ》を（　）に書《か》いてね。

① [じ]　文《も》（　）《じ》　（　）《じ》間《かん》　（　）《じ》分《ぶん》＝わたし

② [かい]　（　）《かい》社《しゃ》　（　）《かい》がら　三《さん》（　）《かい》目《め》

かん字《じ》といみ ― 読《よ》みが同《おな》じでいみがちがう

名まえ

あう

あなたは、「会《あ》う」と「合《あ》う」をつかい分《わ》けられるかな。

会う
合う
アウ
アウ
こっちはね…
こっちのはね…
友《とも》だちと会《あ》う。
答《こた》えが合《あ》う。
わかったかな～？
いみのちがいが！
1+1=2
友《とも》だち？に会《あ》う！
たすけ合《あ》う。
できごとに
であうばあいに
つかうことも
あるよ。
人《ひと》と顔《かお》をあわせるいみだ。
一《ひと》つにあわさるといういみだ。

問題《もんだい》　「会」か「合」、どちらのかん字《じ》を書《か》いたらいいかな。

① きのう、とても気《き》の □ う友《とも》だちと □ った。

② このくつは、とてもよく足《あし》に □ う。

③ さっき □ った人《ひと》とは、話《はなし》が □ った。

名まえ

あける

あなたは、「明《あ》ける」と「空《あ》ける」をつかい分《わ》けられるかな。

明ける　空ける
あける、あける。
夜《よ》が明《あ》ける。
家《いえ》を空《あ》ける。
何《なに》があけるの？
ハウス
ポチ
つゆが明《あ》ける。
ミルクをさらに空《あ》ける。
いろいろあけるよ。
ミルク
あかるくなること。
きまった時間《じかん》がおわる
といういみもあるよ。
なかみをなくす、時間《じかん》を
つくるなどのいみがあるよ。
ドアやまどは「開《あ》ける」。

問題《もんだい》　「明」か「空」、どちらのかん字《じ》を書《か》いたらいいかな。

① □けましておめでとうございます。

② 夜《よ》が□けたら、へやを□けてください。

③ 名字《みょうじ》と名《な》まえの間《あいだ》は一字《いちじ》□けます。

かん字《じ》といみ ― 読《よ》みでいみがかわることば

名まえ

色紙

色紙
おつかいたのまれちゃった…。
色紙5まいかってきてネ♥
「いろがみ」？
「しきし」でしょ！
「しきし」とは、歌手《かしゅ》やまんが家《か》がサインや絵《え》をかいて、ファンにプレゼントする紙《かみ》だよ。
「いろがみ」は、おり紙《がみ》をおったりする、きれいな色《いろ》のついた紙《かみ》だね。
どっち？
わからないからりょうほう買《か》ってこよう。
おおっ、頭《あたま》いい〜！
ちがうんじゃない…。

問題《もんだい》 読《よ》み方《かた》がかわることばだよ。（　）に読《よ》みを書《か》こう。

① 風車　ア．工作《こうさく》で風車（　　　　　　）を作《つく》った。

　　　　イ．風車（　　　　　　）で電気《でんき》もおこせる。

② 人気　ア．このまんがは人気（　　　　　　）がある。

　　　　イ．人気（　　　　　　）のない道《みち》を歩《ある》いた。

かん字《じ》といみ — 読《よ》みでいみがかわることば

名まえ

月日

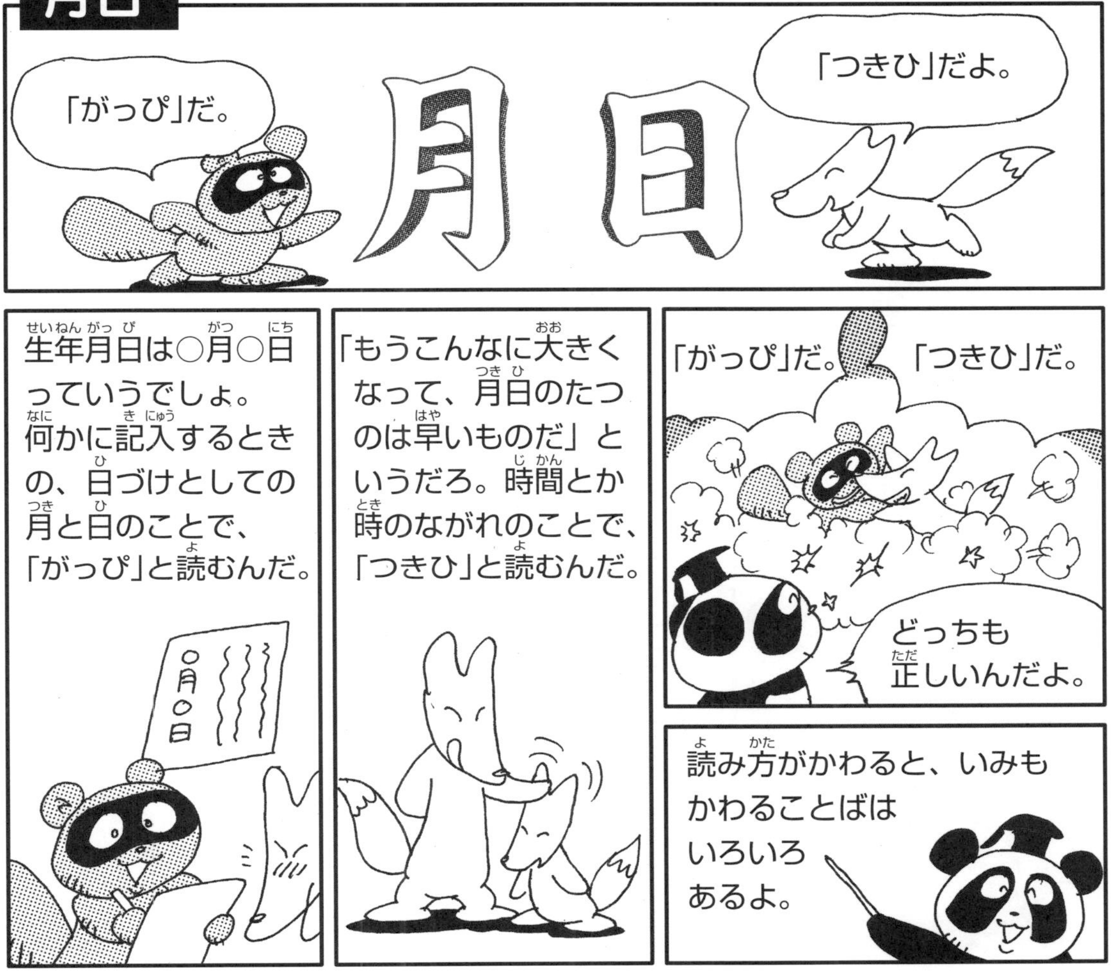

「がっぴ」だ。
月日
「つきひ」だよ。
生年月日《せいねんがっぴ》は○月《がつ》○日《にち》っていうでしょ。何《なに》かに記入《きにゅう》するときの、日《ひ》づけとしての月《つき》と日《ひ》のことで、「がっぴ」と読《よ》むんだ。
○月○日
「もうこんなに大《おお》きくなって、月日《つきひ》のたつのは早《はや》いものだ」というだろ。時間《じかん》とか時《とき》のながれのことで、「つきひ」と読《よ》むんだ。
「がっぴ」だ。
「つきひ」だ。
どっちも正《ただ》しいんだよ。
読《よ》み方《かた》がかわると、いみもかわることばはいろいろあるよ。

問題《もんだい》 読《よ》み方《かた》がかわることばだよ。（　）に読《よ》みを書《か》いてね。

① 一時　ア．午後《ごご》一時（　　　　　）に会《かい》がはじまる。

　　　　イ．たのしい一時（　　　　　）をすごす。

② 十分　ア．もう、十分（　　　　　）食《た》べました。

　　　　イ．十分（　　　　　）後《ご》に出《で》かけよう。

ことばのいみ — はんたいことば

名まえ

右《みぎ》・左《ひだり》、上《うえ》・下《した》、前《まえ》・後《うし》ろ

行《い》ってきま～す。
車《くるま》に気《き》を
つけるのよー。
右見《みぎみ》て、
左見《ひだりみ》て、
上見《うえみ》て、
下見《したみ》て、
前見《まえみ》て、
後《うし》ろ見《み》て、
ただいま～。
何《なに》、
やってるの～？

問題《もんだい》 ①～⑩のはんたいことばを見《み》つけて、線《せん》でむすぼう。

① 外《そと》 ・	・地《ち》	⑥ 入《はい》る ・	・買《か》う
② 男《おとこ》 ・	・夜《よる》	⑦ 立《た》つ ・	・行《い》く
③ 天《てん》 ・	・女《おんな》	⑧ 売《う》る ・	・出《で》る
④ 南《みなみ》 ・	・内《うち》	⑨ 帰《かえ》る ・	・おす
⑤ 昼《ひる》 ・	・北《きた》	⑩ 引《ひ》く ・	・すわる

ことばのいみ ― はんたいことば

名まえ	

大《おお》きい・小《ちい》さい、太《ふと》い・細《ほそ》い、強《つよ》い・弱《よわ》い

大《おお》きい。
小《ちい》さい。
太《ふと》い。
細《ほそ》い。
強《つよ》い。
うそっ
弱《よわ》い。
で、これは??

問題《もんだい》 ①～⑩のはんたいことばを見《み》つけて、線《せん》でむすぼう。

① 早《はや》い ・	・遠《とお》い	⑥ さむい ・	・かるい
② 多《おお》い ・	・おそい	⑦ おもい ・	・わるい
③ 近《ちか》い ・	・ひくい	⑧ あさい ・	・古《ふる》い
④ 高《たか》い ・	・せまい	⑨ 新《あたら》しい ・	・ふかい
⑤ 広《ひろ》い ・	・少《すく》ない	⑩ いい ・	・あつい

第４章　いろいろなことわざと慣用句

ことわざ ― いろはがるたのことわざ

名まえ

犬《いぬ》も歩《ある》けばぼうに当《あ》たる

思《おも》い切《き》って
ものごとを
はじめたのに、
思《おも》いがけない
さいなんにあう
ことがある。
と、もともとは
わるいいみだった
のだが……。
いろいろ
あって……
こら、
水《みず》を
よごすな！
思《おも》いがけず
いいことに
出《で》あうことも
ある。
ポカッ
……という、
いいいみで
つかうこともある。

問題《もんだい》 いろはがるただよ。（　）にはア～オのどれが入《はい》るかな。

① は　花《はな》より（　　）

② ち　ちりもつもれば（　　）となる

③ な　なきつらに（　　）

④ あ　頭《あたま》かくして（　　）かくさず

⑤ し　しらぬが（　　）

ア. はち
イ. 山《やま》
ウ. だんご
エ. ほとけ
オ. しり

ことわざ — どうぶつのことわざ

名まえ

ねこに こばん

ねこにこばん（江戸時代《えどじだい》のお金《かね》）をやってもよろこばない。
なぜなら、ねこにはこばんのねうちがわからないから。
フン
パンダも
うさぎも
ねずみもよろこばないけど……。
ねうちのわからないものにとっては、どんなに大切《たいせつ》なものでもいみがない。
こばんよりごはんがいいなあ！
ということを、「ねこにこばん」という。
ねこにごはん。

問題《もんだい》 ねこのつくことば、どんないみかな？　線《せん》でつなごう。

① ねこにかつおぶし　・　　・ア．ばしょがせまい

② ねこのひたい　・　　・イ．おとなしそうにする

③ ねこの手《て》もかりたい・　　・ウ．だれもかれも、みんな

④ ねこもしゃくしも　・　　・エ．とてもいそがしい

⑤ ねこをかぶる　・　　・オ．ゆだんできない

ことわざ ― どうぶつのことわざ

名まえ

馬《うま》の耳《みみ》にねんぶつ

ありがたい
ねんぶつを
馬《うま》に聞《き》かせても
わからない。
ほんとに
あなたって
子《こ》は……
ガミガミ
……。
馬《うま》の耳《みみ》に
ねんぶつ
だねえ。
いくら言《い》っても
ききめのない
こと。

問題《もんだい》 ①、②は、ア、イのどっちのことわざのいみかな。

① どんなに大切《たいせつ》なものでも、そのねうちがわからないものにとっては、何《なん》のいみもないこと。（　　　　）

② 何《なに》を言《い》われても、何《なに》をされてもへいきなことで、ずうずうしくしていること。（　　　　）

［ ア. かえるのつら(顔《かお》)に水《みず》　　イ. ぶたに しんじゅ ］

ことわざ ― どうぶつのことわざ

名まえ

かえるの子《こ》はかえる

子《こ》どものころは
親《おや》ににていなくても……
そだつと
親《おや》そっくりになる。
子《こ》は親《おや》ににる。
子《こ》は親《おや》のすすんだ道《みち》を
歩《あゆ》むように
なる。
ピョン
ピョン
大《おお》きくなったら
サッカーせん手《しゅ》に
なるんだ。
そうか。
かえるの子《こ》は
かえるだなあ。
お父《とう》さんも、学生《がくせい》の
ころは、サッカーの
エースでキャプテン
だったんだ。
かえるの子《こ》は
かえるねえ……。
ドジなところまで
そっくり。
パパが
コーチして
やろう。
ウーン

問題《もんだい》 ①、②は、どんないみかな？　ア〜ウからえらぼう。

①とんびがたかを生《う》む

②はきだめにつる

ア．つまらないところに、すぐれたものがいる。

イ．名人《めいじん》でも、ときにはしっぱいする。

ウ．ふつうの親《おや》からすぐれた子《こ》が生《う》まれる。

ことわざ ― どうぶつのことわざ

名まえ

とんで火《ひ》に入《い》る夏《なつ》の虫《むし》

多《おお》くの虫《むし》は光《ひかり》にあつまる。もえている火《ひ》にも、とびこんでくる。
自分《じぶん》からあぶないところへとびこんでいくことをいう。
とんで火《ひ》に入《い》る夏《なつ》の虫《むし》！
とんで火《ひ》に入《い》る夏《なつ》の虫《むし》！

問題《もんだい》　（　）には、ア～エのどのどうぶつが入《はい》るのかな？

①（　　　）ににらまれたかえる＝こわくてうごけない。

② ふくろの（　　　）＝もう、にげられない。

③（　　　）にあぶらげをさらわれる＝よこどりされる。

［ ア. とんび　イ. はと　ウ. へび　エ. ねずみ ］

ことわざ ― ものごとはよく考《かんが》えて

名まえ

木《き》を見《み》て森《もり》を見《み》ず

「森《もり》の北《きた》でまつ。
ピョンタ」
だって。
森《もり》ってどこだ？
木《き》がいっぱい
生《は》えている
ところだろ。
ここらへんは
木《き》がいっぱい
生《は》えてるぞ。
どれが森《もり》だ？
一本一本《いっぽんいっぽん》の木《き》は見《み》ても
森《もり》ぜんたいを見《み》ない。
木《き》ばっかりで
森《もり》がないぞ！
どこが
森《もり》だ～～。
ここだよ。
おそいなあ。
細《こま》かなことばかりに
気《き》をとられて
ぜんたいを見《み》ないこと。

問題《もんだい》　「木《き》を見《み》て森《もり》を見《み》ず」のことわざに、いみがにているものはどれかな。（　）に○をつけよう。

（　）① かれ木《き》も山《やま》のにぎわい。

（　）② ちりもつもれば山《やま》となる。

（　）③ 後《あと》は野《の》となれ、山《やま》となれ。

（　）④ しかをおうものは山《やま》を見《み》ず。

ことわざ ― がんばれるかな

名まえ

やけ石《いし》に水《みず》

やいた石《いし》に
少《すこ》しくらい
水《みず》をかけても
ジュッ
なかなか
さめない。
アチッ
ジュッ
何《なに》してんの？
イチニ
イチニ
がんばっても
おいつかない
こと。
やけ石《いし》に
水《みず》だね。
ガックリ
ワンッ
ワンッ
?

問題《もんだい》 上《うえ》のことわざのつかい方《かた》が正《ただ》しくない文《ぶん》に×をつけよう。

(　) ① おなかがすいたのでおかしを食《た》べたが、少《すく》なくて「やけ石《いし》に水《みず》」だった。

(　) ② がんばってべんきょうすれば「やけ石《いし》に水《みず》」だ。

(　) ③ ふだんべんきょうしていないのに、テストの前《まえ》の日《ひ》だけがんばっても「やけ石《いし》に水《みず》」だ。

ことわざ ― くらべっこ

名まえ

五十歩百歩《ごじっぽひゃっぽ》

ギャ～
おばけ～！
あはははは、こわがりだなあ。
おまえの方《ほう》が遠《とお》くへにげたぞ。
にげおくれたくせに！
五十歩《ごじっぽ》も百歩《ひゃっぽ》もにげたことにはかわりなく、たいしたちがいがないこと。
……。
おまえの方《ほう》がこわがりだ。
おまえこそ!!

問題《もんだい》 ①～④のことばで、「五十歩百歩《ごじっぽひゃっぽ》」といみがにているものに○、ちがっているものに×をつけよう。

(　　) ① 月《つき》とすっぽん

(　　) ② どんぐりのせいくらべ

(　　) ③ ちょうちんにつりがね

(　　) ④ にたり よったり

ことわざ — 顔《かお》にかんけいのあることわざ

名まえ

かべに耳《みみ》ありしょうじに目《め》あり

ねえ、ひみつのそうだんがあるんだけど。
シ！
かべに耳《みみ》ありしょうじに目《め》あり。
え〜〜！
ちがうよ！どこでだれに聞《き》かれているか、のぞかれているかわからないってことさ。
ひみつや、かくしごとはばれやすく、まもりにくいことのたとえ。
な〜んだ、おばけやしきのことじゃないのか。

問題《もんだい》　（　）に目《め》、耳《みみ》、口《くち》が入《はい》ることわざだよ。何《なに》が入《はい》るかな？

① おにの（　　　）にも なみだ

② （　　　）は（　　　）ほどに ものを言《い》う

③ （　　　）は わざわいのもと

④ 弱《よわ》り（　　　）に たたり（　　　）

⑤ 馬《うま》の（　　　）にねんぶつ

ことわざ ― 人《ひと》の行《おこな》いのことわざ

名まえ

おぼれるものはわらをもつかむ

おぼれたときには、水《みず》にういたわらでもつかもうとする。
しまった！しゅくだいが！
どうしよう!!
お姉《ねえ》ちゃん、手《て》つだって。
や〜だよ。
どうしたひろし、しゅくだいか？
パパはよっぱらってる。
ママはこわい。
カチャカチャ
何《なに》？
ジャージャー
タロー、おきろ〜。しゅくだい手《て》つだって〜。
おいつめられた人《ひと》は、たよりになりそうもないものにも、たよろうとする。

問題《もんだい》 ①から④の（　）には、ア〜エのどれを入《い》れればいいかな。

時間《じかん》がかかってもあんぜんに。→① いそがば(　　)

時間《じかん》をむだにしてはいけない。→② 時《とき》は(　　)なり

名人《めいじん》でも、しっぱいする。→③ さるも木《き》から(　　)

かげで人《ひと》のためにはたらく。→④ えんの下《した》の(　　)もち

［ ア．力《ちから》　イ．金《かね》　ウ．まわれ　エ．おちる ］

たとえことば ― 体《からだ》をつかったことば

名まえ

首《くび》を長《なが》くする

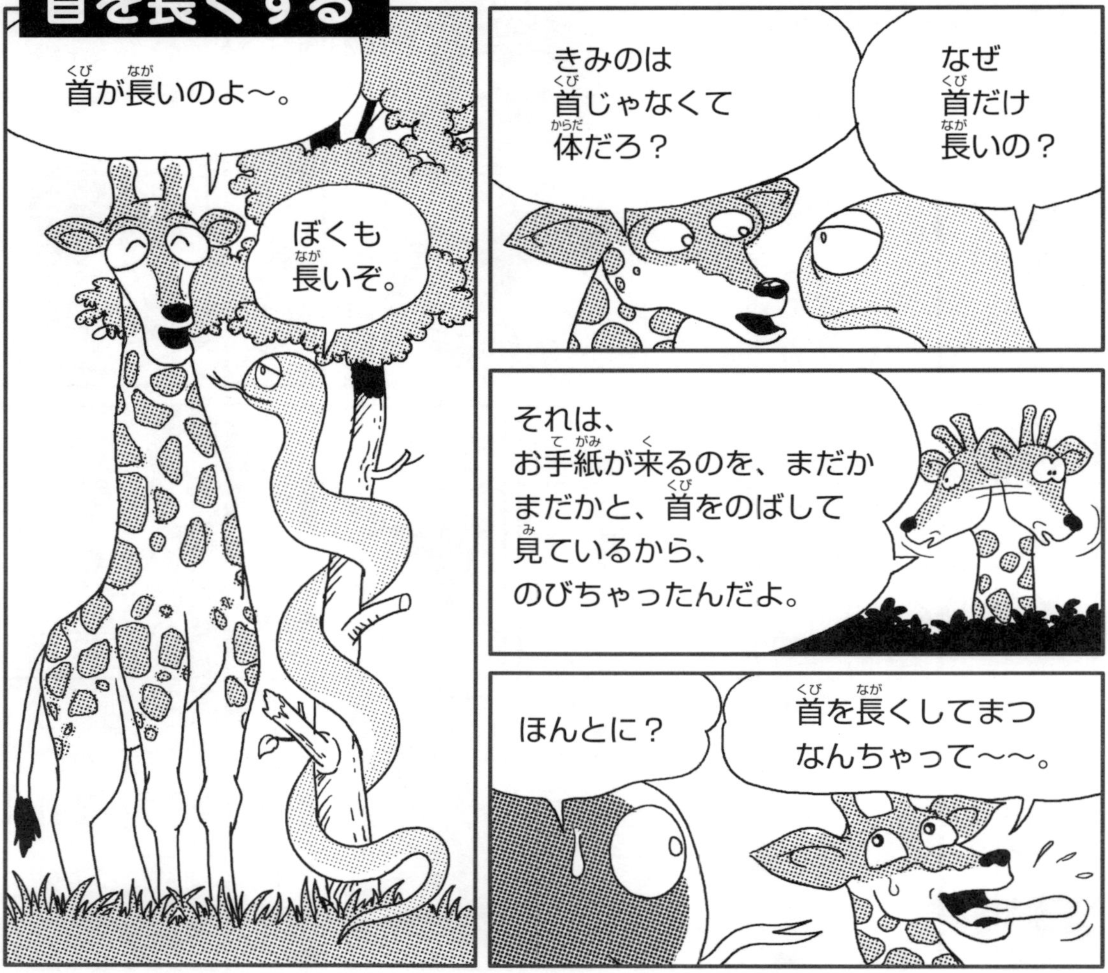

首《くび》が長《なが》いのよ～。
ぼくも長《なが》いぞ。
きみのは首《くび》じゃなくて体《からだ》だろ？
なぜ首《くび》だけ長《なが》いの？
それは、お手紙《てがみ》が来《く》るのを、まだかまだかと、首《くび》をのばして見《み》ているから、のびちゃったんだよ。
ほんとに？
首《くび》を長《なが》くしてまつなんちゃって～～。

問題《もんだい》 ①～④の（　）に、それぞれ同《おな》じ字《じ》をえらんで入《い》れよう。

①（　　　）を 丸《まる》くする
（　　　）も くれない

②（　　　）に たこができる
（　　　）が いたい

③（　　　）に あせをにぎる
のどから（　　　）が出《で》る

④（　　　）が ぼうになる
あげ（　　　）を とる

［ 目《め》　耳《みみ》　手《て》　足《あし》 ］

たとえことば ― 体《からだ》をつかったことば

名まえ

顔《かお》から火《ひ》が出《で》る

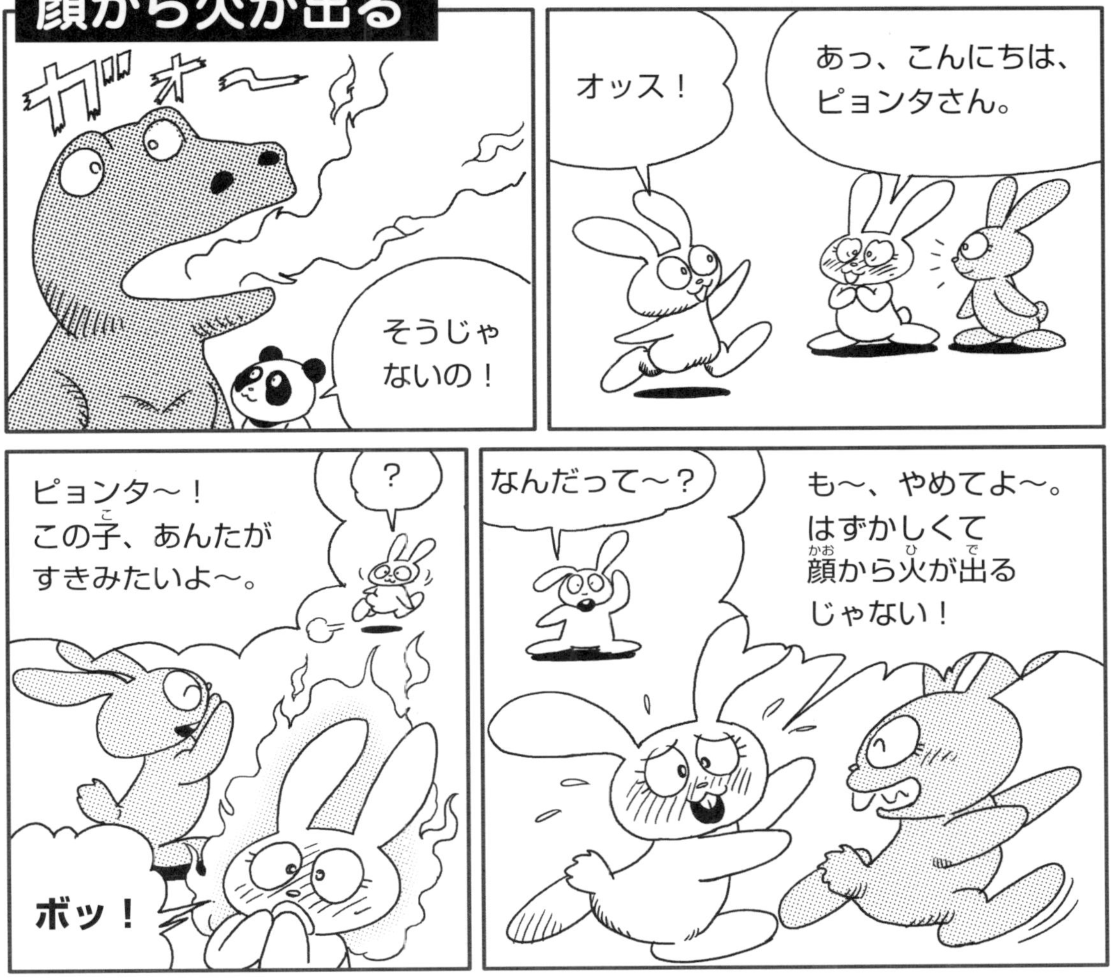
ガオ～
そうじゃないの！
オッス！
あっ、こんにちは、ピョンタさん。
ピョンタ～！この子《こ》、あんたがすきみたいよ～。
？
ボッ！
なんだって～？
も～、やめてよ～。はずかしくて顔《かお》から火《ひ》が出《で》るじゃない！

問題《もんだい》 ①、②の（　）に、それぞれ同《おな》じ字《じ》をえらんで入《い》れよう。

①（　　　）に どろをぬる	②（　　　）が かるい
（　　　）が 広《ひろ》い	（　　　）が かたい
（　　　）を 立《た》てる	（　　　）が すべる
（　　　）が そろう	（　　　）を そろえる

［ 顔《かお》　口《くち》　はな　頭《あたま》 ］

たとえことば — 体《からだ》をつかったことば

名まえ

ほねがおれる

ヌト　ヌト
おかしいなあ。どうしてそんなにのろいの？
だってなめくじだもの。
あ〜、ほねがおれる。
うそつけ！ほねなんかないだろ。
ちがうよ。たいへんだとか、くろうするとかいういみでつかうんだ。
オー！ニホンゴムーズカシイネー。
オーバーか！

問題《もんだい》　（　）には、体《からだ》のことばが入《はい》るよ。下《した》からえらぼう。

① (　　　)が おどる…うれしくて、心《こころ》がうきうきする。

② (　　　)が 立《た》たない…あいてが強《つよ》すぎて、かなわない。

③ (　　　)が 立《た》つ…気《き》に入《い》らなくて、おこる。

④ (　　　)が 高《たか》い…とくいになる。じまんに思《おも》う。

[　むね　　は　　はら　　はな　]

たとえことば — 体《からだ》をつかったことば

名まえ

へそをまげる

あれ？
なんでへそを
まげてるの？
ちがうよ。
おこってる
んだよ。
きげんをわるくして
すねることを
「へそをまげる」と
いうんだよ。
お昼《ひる》ねしてる間《ま》に
らくがきされたんだ。
………
………。
あ～あ、
こんどは
つむじまで
まがっちゃった。
だめだ、
こりゃ！

問題《もんだい》 （　）には、体《からだ》にかんけいのあることばが入《はい》る。何《なに》かな。

① (　　　)を もむ…あれこれ考《かんが》えて、しんぱいする。

② (　　　)を もつ…ひいきをする。みかたになって助《たす》ける。

③ (　　　)を のむ…はっとおどろいて、いきができない。

④ (　　　)を まく…とてもかんしんする。

［ 気《き》　した　いき　かた ］

たとえことば ― どうぶつが出《で》てくることば

名まえ

ねこの手《て》もかりたい

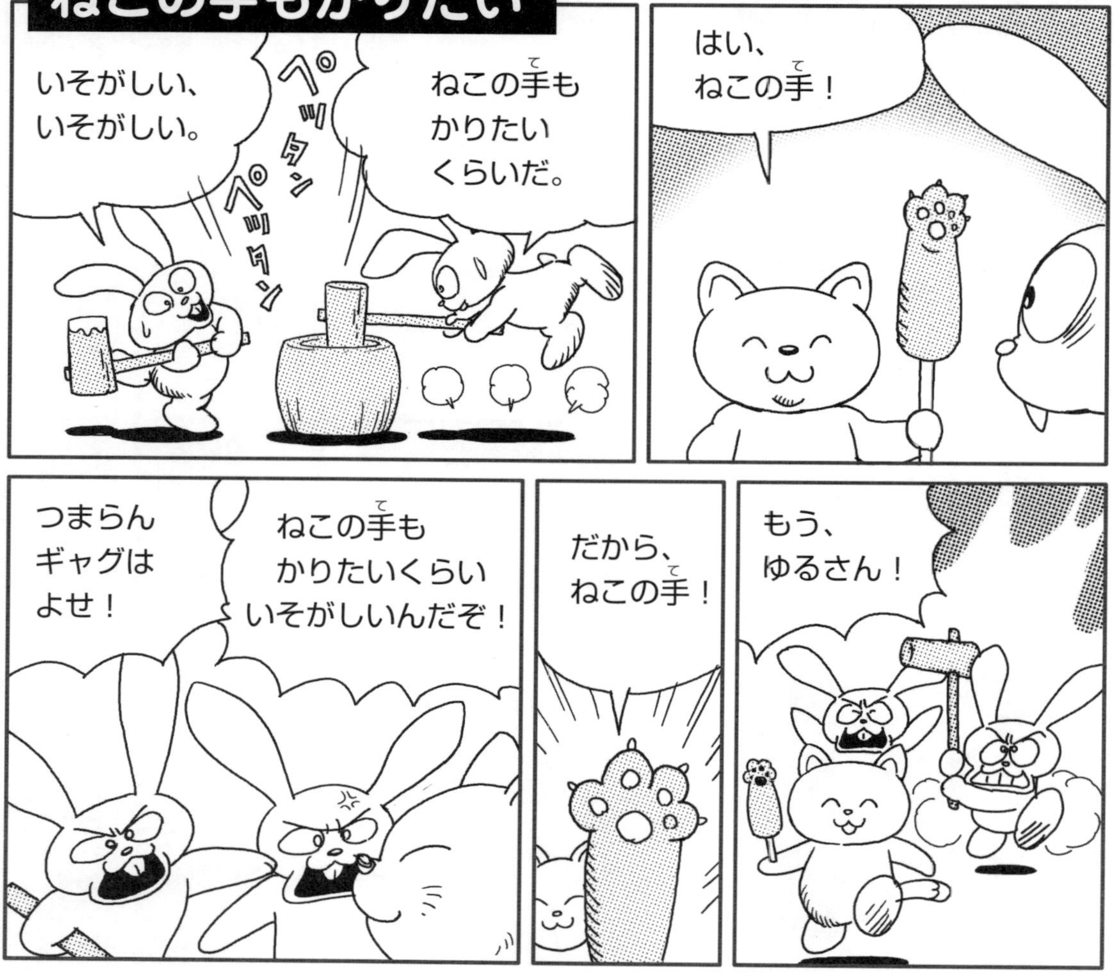

いそがしい、
いそがしい。
ペッタン
ペッタン
ねこの手《て》も
かりたい
くらいだ。
はい、
ねこの手《て》！
つまらん
ギャグは
よせ！
ねこの手《て》も
かりたいくらい
いそがしいんだぞ！
だから、
ねこの手《て》！
もう、
ゆるさん！

問題《もんだい》　（　）には、同《おな》じどうぶつが入《はい》るよ。下《した》からえらぼう。

① (　　　)を かぶる…おとなしそうに見《み》せかける。

② (　　　)の ひたい…とてもせまいばしょのこと。

③ (　　　)も しゃくしも…だれもかれもみんな。

④ (　　　)の 目《め》のよう…とてもかわりやすいようす。

［　ねこ　　犬《いぬ》　　さる　］

たとえことば — どうぶつが出《で》てくることば

名まえ

ふくろのねずみ

ふくろに入《はい》ったねずみは、
もう、にげばがない!!
ふふふ、ふくろのねずみだな。
何《なん》のことだ？ふくろなんてどこにもないぞ。
ちがう！
おいつめられてにげばのないようすを……
ふくろのねずみというんだ。
えっへん
よくおぼえとけ。

問題《もんだい》　（　）は、生《い》きものの名《な》まえだよ。下《した》からえらぼう。

① （　　　）の なみだ…ほんのちょっぴり、とても少《すく》ない。

② （　　　）も くわない…だれもあいてにしない、つまらない。

③ （　　　）が 合《あ》う…気《き》が合《あ》う。気《き》もちがぴったり合《あ》う。

④ しり切《き》れ（　　　）…ものごとがとちゅうでおわること。

［　とんぼ　　犬《いぬ》　　馬《うま》　　すずめ　］

たとえことば ― どうぶつが出《で》てくることば

名まえ

くもの子《こ》をちらす

くものたまごをつつくと、
中《なか》にいたたくさんのくもの子《こ》が、あっちこっちへとにげていく。そんなばらばらのようす。
ウジャ
ウジャ
ワラ
ワラ
ナイスキーック。
ボコン
コオラーー
「くもの子《こ》をちらす」

問題《もんだい》 ①～③のことばのいみはどれかな。線《せん》でつなごう。

①はちのすをつついたよう •	• ア．おおぜいの人《ひと》でこみあっている。
②はとが豆《まめ》でっぽうをくらう •	• イ．手《て》のつけられないほど大《おお》さわぎになっている。
③めじろおし •	• ウ．とつぜんのことで、びっくりする。

たとえことば ― しょくぶつが出《で》てくることば

名まえ

うりふたつ

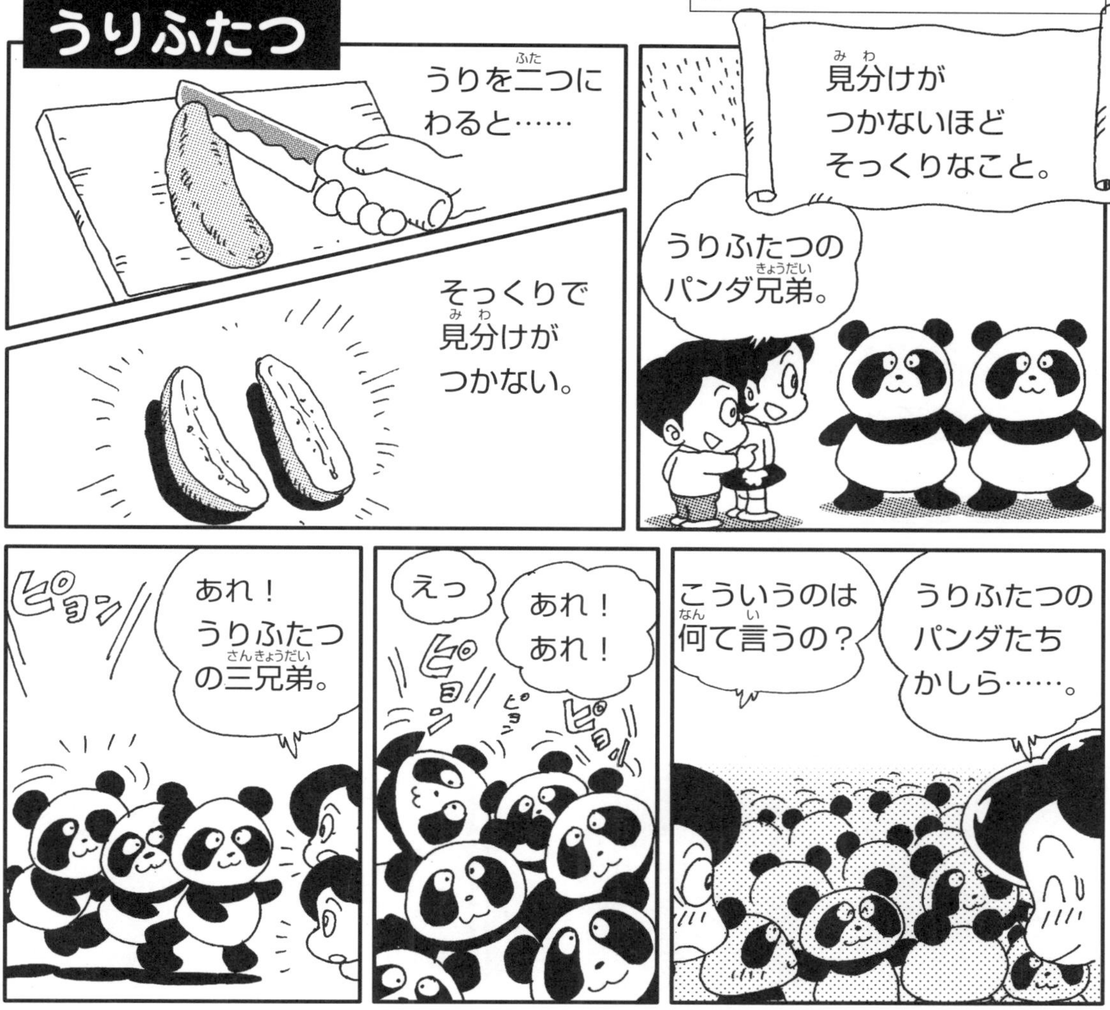

うりを二《ふた》つにわると……
そっくりで見分《みわ》けがつかない。
見分《みわ》けがつかないほどそっくりなこと。
うりふたつのパンダ兄弟《きょうだい》。
ピョン
あれ！うりふたつの三兄弟《さんきょうだい》。
えっ
あれ！あれ！
こういうのは何《なん》て言《い》うの？
うりふたつのパンダたちかしら……。

問題《もんだい》 ①～⑤はどんないみかな。ア～エの・と線《せん》でつなごう。

① もぬけのから　・　　　・ア．時間《じかん》をつぶしてなまける。
② 風前《ふうぜん》のともしび・　　　・イ．えらい人《ひと》の一声《ひとこえ》できまる。
③ あぶらを売《う》る　・　　　・ウ．かげで、わる口《くち》を言《い》う。
④ つるの一声《ひとこえ》　・　　　・エ．だれもいない。
⑤ 犬《いぬ》の遠《とお》ぼえ　・　　　・オ．きえて、なくなりそう。

たとえことば ― 水《みず》をつかったことば

名まえ

水《みず》のあわになる

水《みず》のあわは、
すぐにきえてしまう、
たよりないもの……。
ふぐ子《こ》ちゃん、ダイエットしてるんですって？
そうなの。わたし、うつくしく生《う》まれかわるの。
もう二週間《にしゅうかん》やってるの。
おい、ふぐ子《こ》。大食《おおぐ》い大会《たいかい》やってるぞ。おまえが出《で》ればぜったいゆうしょうだ！
なんですって。
こうしちゃいられないわ。
プク プク
ダイエットは、水《みず》のあわになるのね。

問題《もんだい》 ①～④はどんないみかな。ア～エの・と線《せん》でつなごう。

① 水《みず》にながす・

② 水《みず》をさす　・

③ 水入《みずい》らず　・

④ 水《みず》くさい　・

・ア. よそよそしい。親《した》しくない。

・イ. 今《いま》までのこだわりをすてる。

・ウ. じゃまをする。

・エ. みうちの人《ひと》だけで、よその人《ひと》が入《はい》っていないこと。

たとえことば ― どうぐをつかったことば

名まえ

すずなり

すずがたくさんついた
がっきがある。
そのすずのように、ものが
あつまりむらがるようす。
かきのみが
すずなりに
みのっている。
あっ、
うまそうな
かきだぞ！
カー
カー
カー
カー
カー
カー
わっ、
かきの木《き》に
からすが
すずなり。

問題《もんだい》 ①～④はどんないみかな。いみの合《あ》うものと線《せん》でつなごう。

① 玉《たま》にきず	・	・	ア．今《いま》までのくろうをむだにする。
② いたばさみ	・	・	イ．見《み》こみがないとあきらめる。
③ ぼうにふる	・	・	ウ．間《あいだ》に立《た》って、こまっている。
④ さじをなげる	・	・	エ．りっぱなものの小《ちい》さなきず。

第5章　日本語の面白さを楽しむ

ことばのはじまり ― あいさつ

名まえ

ありがとう、すみません

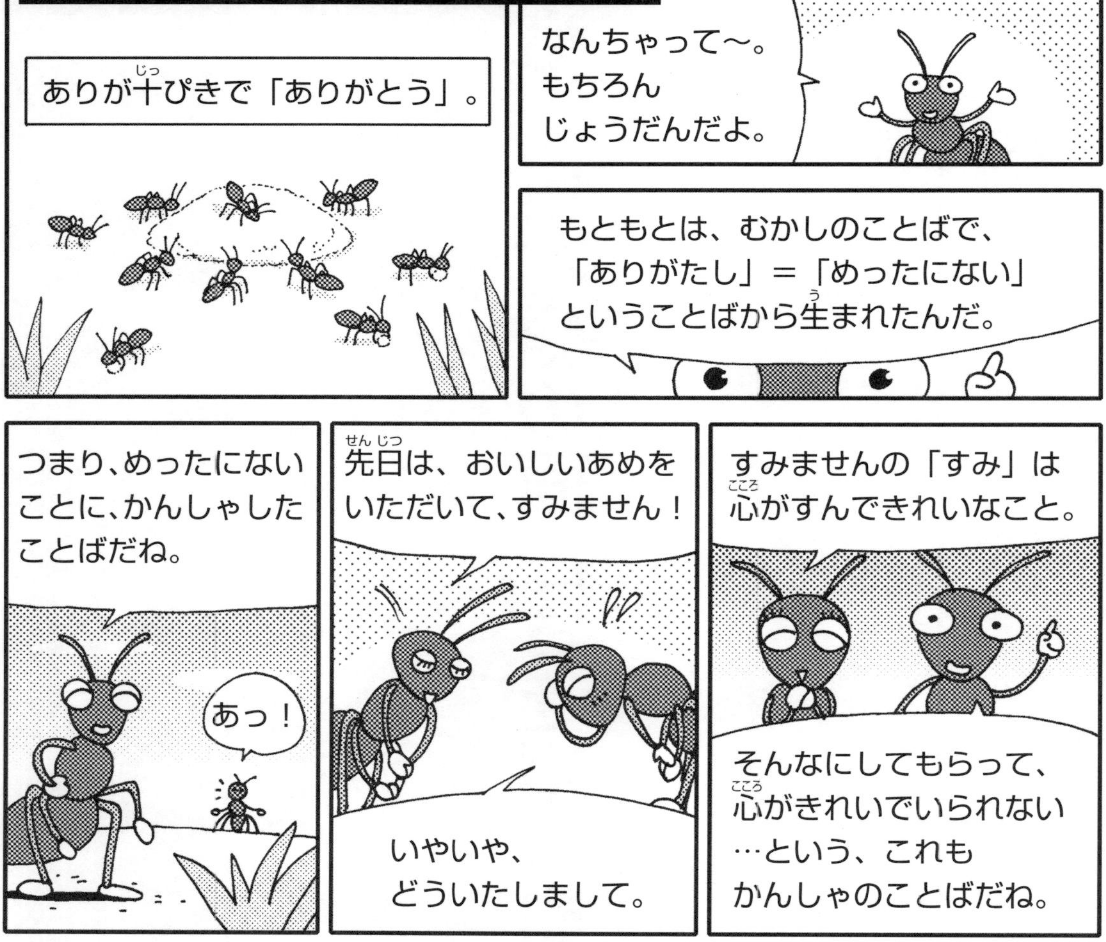

ありが十《じっ》ぴきで「ありがとう」。
なんちゃって〜。
もちろん
じょうだんだよ。
もともとは、むかしのことばで、
「ありがたし」＝「めったにない」
ということばから生《う》まれたんだ。
つまり、めったにない
ことに、かんしゃした
ことばだね。
あっ！
先日《せんじつ》は、おいしいあめを
いただいて、すみません！
いやいや、
どういたしまして。
すみませんの「すみ」は
心《こころ》がすんできれいなこと。
そんなにしてもらって、
心《こころ》がきれいでいられない
…という、これも
かんしゃのことばだね。

問題《もんだい》 下《した》のいみのあいさつは、ア〜エのどのことばかな。

①早《はや》くおきましたねと、あいてをほめるあいさつ。(　　　)

②今日《きょう》は元気《げんき》ですかというあいさつ。(　　　)

③この晩《ばん》(夕《ゆう》・夜《よる》) は元気《げんき》ですかというあいさつ。(　　　)

④たった今《いま》、帰《かえ》ったと、つたえるあいさつ。(　　　)

[ア. こんにちは　イ. ただいま　ウ. おはよう　エ. こんばんは]

ことばのはじまり ― きせつ

名まえ

春《はる》

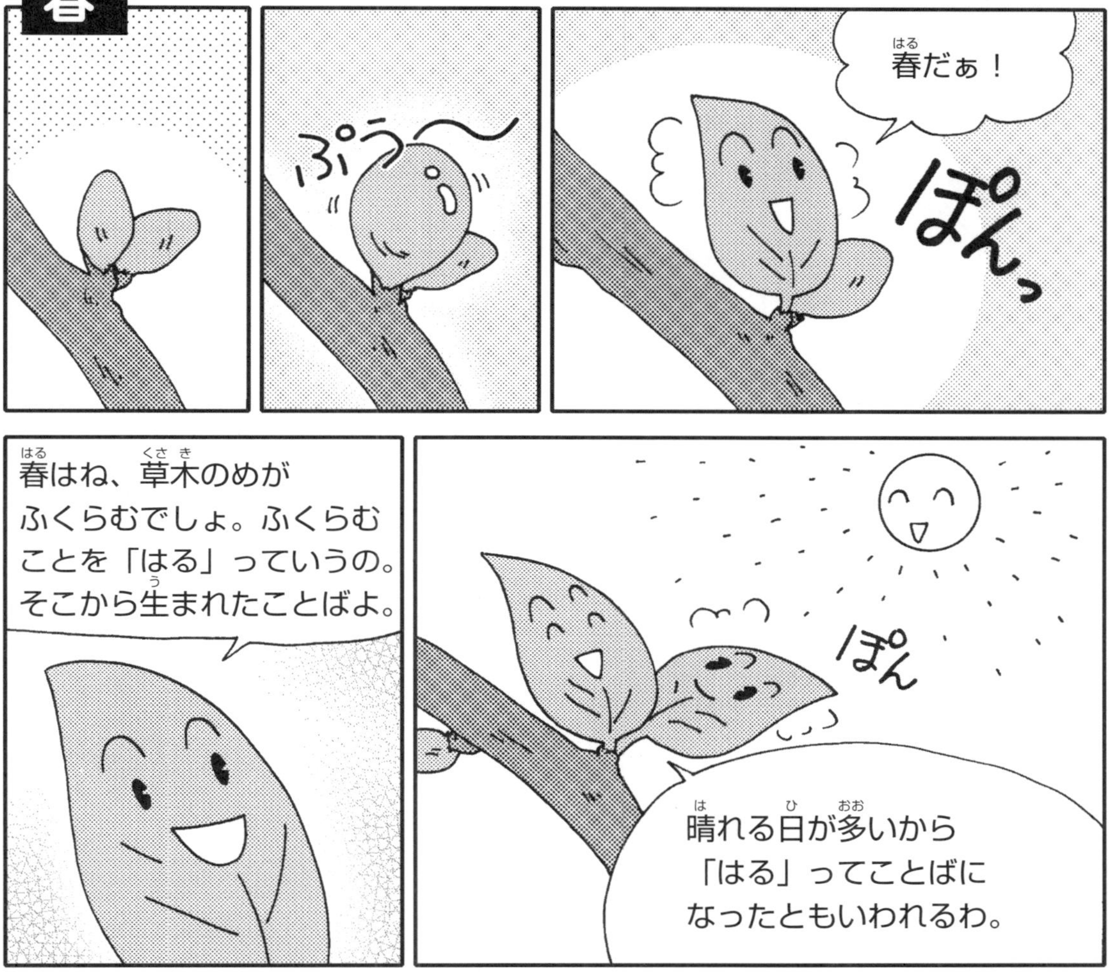

ぷう〜
春《はる》だぁ！
ぽんっ
春《はる》はね、草木《くさき》のめがふくらむでしょ。ふくらむことを「はる」っていうの。そこから生《う》まれたことばよ。
ぽん
晴《は》れる日《ひ》が多《おお》いから「はる」ってことばになったともいわれるわ。

問題《もんだい》 きせつのことばのはじまりだよ。いつのことかな。

① あつい から「あつ」というきせつは？ …(　　　　)

② さむくてひえるので、「ひゆ」というきせつは？ ……………………………(　　　　)

③ 食《た》べものが、あきるほどたくさんできるきせつは？ ……………………………(　　　　)

ことばのはじまり ― 顔《かお》

名まえ

頭《あたま》、耳《みみ》、はな

これは玉《たま》。丸《まる》いよね。
これは頭《あたま》。やっぱり丸《まる》いよね。
あ
丸《まる》いから玉《たま》、それに「あ」がついて、「あたま」になったらしいよ。
これは耳《みみ》。
頭《あたま》の左右《さゆう》にに̇たものが二《ふた》つあるから「にに（似似）」。それが「みみ」になったらしい。
はなは、頭《あたま》のいちばん先《さき》。先《さき》っぽのことは、「はし」とか「はな」という言《い》い方《かた》があるんだ。はな（はし）にあるから「はな」になったんだって。
ん？

問題《もんだい》 どこのことかな。下《した》からえらんで、記号《きごう》を書《か》こう。

① ものをのみこむところ。「のむ・ところ」→「のんど」って、どこ？ → □

② 口《くち》があくところ。「あく・ところ」→「あぎと」って、どこ？ → □

［ ア. 目《め》　イ. あご　ウ. 口《くち》　エ. のど　オ. ほお ］

ことばのはじまり ― 体《からだ》

名まえ

はら、はだか、はだし

広《ひろ》い原《はら》っぱだ～！
…じゃなくて、おなかの「はら」でした！
でも、おなかの「はら」が「原《はら》っぱのように広《ひろ》い」といういみはホント！
なんだぁ？
かわが「はって」、ふっくらしているといういみもあるよ。
「はだか」は、はだがむきだしになって赤《あか》いから、「はだ・あか」で「はだか」。
クマはいつもはだかじゃ!!
「はだし」は、「はだか・あし」がみじかくなって「はだし」だよ。

問題《もんだい》 どこのことかな。下《した》からえらんで、記号《きごう》を書《か》こう。

① 体《からだ》の中《なか》のよくまがるところで、「ひだひだ」のあるところって、どこ？ →

② 足《あし》のここから先《さき》がくるくる回《まわ》る。「くるくる」回《まわ》る「ふし」って、どこ？ →

二《ふた》つ入《はい》るものもあります。

［ ア. ひじ　イ. かた　ウ. ひざ　エ. くるぶし ］

ことばのはじまり ― みぢかなもの

名まえ

おもちゃ、おまけ

これは、おかしの「おまけ」についてきた「おもちゃ」だよ！
ばぶ〜
手《て》にもってあそぶから「もちあそび」。それがなまって「もちゃそび」。
ぶ〜ぶ〜
それに「お」がつき、みじかくなって「おもちゃ」なんだ。
「おまけ」はねぇ…、
ねえ、そのだいこんもうちょっとやすくならない？
100
う〜ん、おくさんにはまけるなあ。
じゃ、もう一本《いっぽん》つけとくよ。
わーい！
で、まけることから「おまけ」になったんだって。

問題《もんだい》 ことばのはじまりなぞなぞだよ。何《なん》のことかな？

① よくはずんで「まるい」もの、な〜んだ。「まるい」って早口《はやくち》で言《い》うとわかるよ。　(　　　　　　　　)

② もとの名《な》まえは「さい」で、ころころころがしてあそぶもの、な〜んだ？　(　　　　　　　　)

③ ものを入《い》れるもの。入《い》れると「ふくら」むから、この名《な》まえがついたもの、なあに？　(　　　　　　　　)

ことばのはじまり ― 食《た》べもの

名まえ

あめ、おかし

このあめ、すごくあまい！
あめ〜〜〜〜っ！
…で、「あめ」となりました。
ちなみに、「おかし」の「かし」は、「木《き》のみ」のことだよ。
ほよ？
かし
むかしは、木《き》のみがおかしだったのです！

問題《もんだい》 ことばのはじまりなぞなぞだよ。何《なん》のことかな？

① 長《なが》「もち」する食《た》べもので、お正月《しょうがつ》に食《た》べるもの。やくとふくらむのは、なあんだ？　（　　　　　）

② ごはんをすっぱくして食《た》べるので、「す」っぱいといういみの食《た》べもの、なあに？　（　　　　　）

③ むかしは竹《たけ》にまきつけてやいたよ。「竹(ちく)」のように、「わ」になっている食《た》べものは？　（　　　　　）

ことばのはじまり ― 生《い》きものの名《な》まえ

名まえ	

きつつき、あらいぐま

カカカカカカ…
わたしは、きつつき。
木《き》をつついて
あなをあけるから、
「きつつき」よ。
じゃぶ
じゃぶ
ボクは食《た》べものを
水《みず》であらうようにして
食《た》べるので、
すごいでしょ？
「あらいぐま」と
よばれています。

問題《もんだい》 ことばのはじまりなぞなぞだよ。何《なん》のことかな？

① 人間《にんげん》が、「にわ」でかうようになった「鳥《とり》」って、なあんだ？（　　　　　　）

② 木《き》の「ね」などにあなをほって「すむ」どうぶつって、なあに？（　　　　　　）

③ 人《ひと》が見《み》ると、「戸《と》」の「かげ」などにすばやくかくれてしまうどうぶつは、なあに？（　　　　　　）

ことばのはじまり ― 外国語《がいこくご》からついた名《な》まえ

名まえ

パイナップル

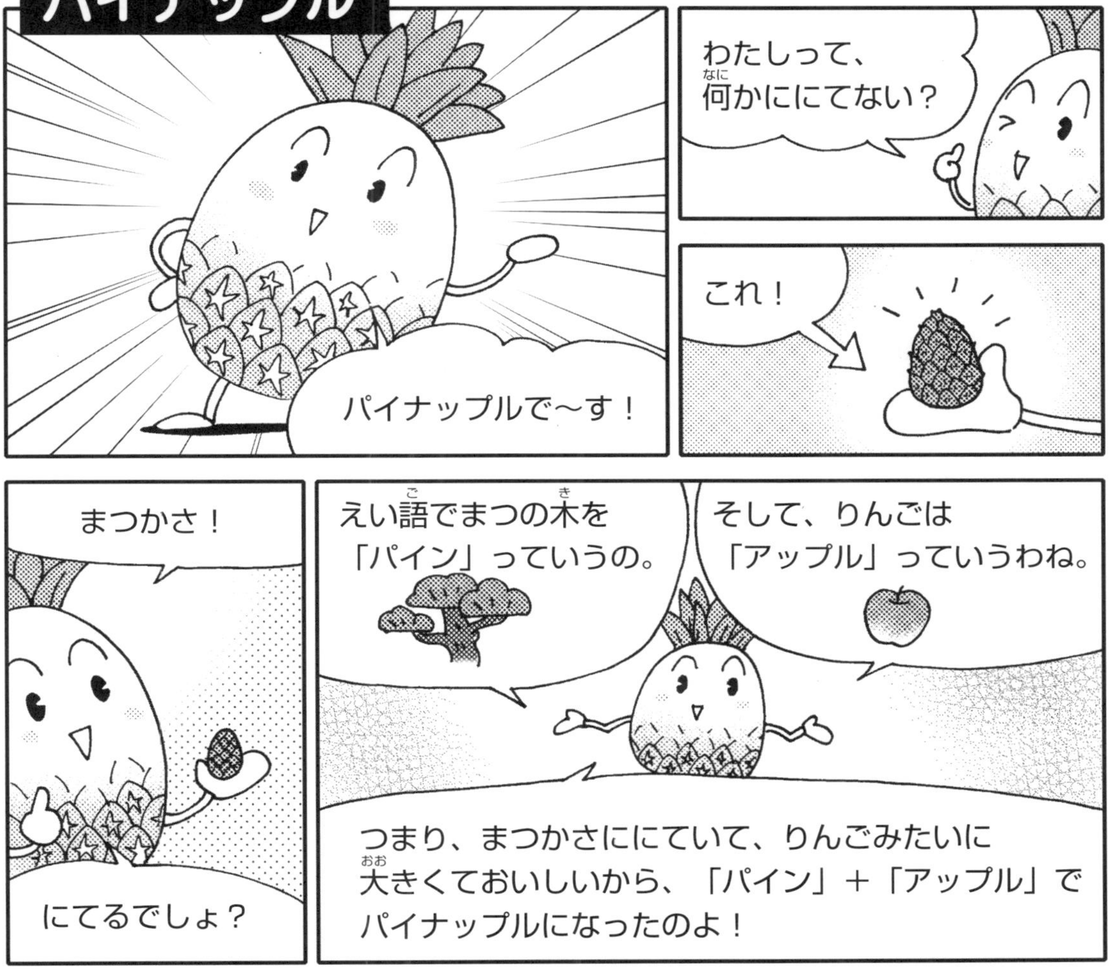
パイナップルで～す！
わたしって、
何《なに》かににてない？
これ！
まつかさ！
にてるでしょ？
えい語《ご》でまつの木《き》を
「パイン」っていうの。
そして、りんごは
「アップル」っていうわね。
つまり、まつかさににていて、りんごみたいに
大《おお》きくておいしいから、「パイン」＋「アップル」で
パイナップルになったのよ！

問題《もんだい》 ことばのはじまりなぞなぞだよ。何《なん》のことかな？

① 「グレープ」（ぶどう）のように、ふさになってみのる「フルーツ」（くだもの）、なあに？　（　　　　　　）

② むかし、「ジャガタラ」とよばれた国《くに》からつたえられた「いも」は、何《なん》といういも？　（　　　　　　）

③ 外国《がいこく》の「ハンブルグ」という町《まち》でゆうめいになった、肉《にく》をつかったりょうりは、なあに？　（　　　　　　）

ものの数《かぞ》え方《かた》 ― 数《かず》の数《かぞ》え方《かた》

名まえ

ひとつ、ふたつ、みっつ

こんにちは。
モノシリ王子《おうじ》です。
今日《きょう》は、数《かず》を
数《かぞ》えてみるよ。
はい、これはいくつ？
いち！
ひとつ！
はい、これは？
に！
ふたつ！
くまくんと、数《かぞ》え方《かた》が
ちがうぞぉ！
うん。いろんな数《かぞ》え方《かた》が
あるからね。
「ひい」「ふう」「みい」
っていう、数《かぞ》え方《かた》もあるよ。
それに、もし数《かぞ》えるものが
りんごだと……。
いっこ！
にこ！
おお！　またちがう数《かぞ》え方《かた》だ！

問題《もんだい》　「こ」をつけた数《かぞ》え方《かた》で、一《いち》から十《じゅう》まで読《よ》んでみよう。

① 一こ　（　　　　）こ	⑥ 六こ　（　　　　）こ
② 二こ　（　　　　）こ	⑦ 七こ　（　　　　）こ
③ 三こ　（　　　　）こ	⑧ 八こ　（　　　　）こ
④ 四こ　（　　　　）こ	⑨ 九こ　（　　　　）こ
⑤ 五こ　（　　　　）こ	⑩ 十こ　（　　　　）こ

ものの数《かぞ》え方《かた》 — 細長《ほそなが》いもの

名まえ

えんぴつの数《かぞ》え方《かた》

これはえんぴつです。
ハーイ!!
さて、えんぴつを数《かぞ》えてみよう！
一本《いっぽん》！
二本《にほん》！
そうそう。
えんぴつみたいに、
細長《ほそなが》いものを数《かぞ》える
ときは、「本《ほん》」を
つかうよ。
あれ？　でも、「本《ほん》」が
「ぽん」だったり、
「ぼん」だったりするよ。
そうだね。三《さん》からも
なんていうのか、
もんだいで
やってみようね。

問題《もんだい》 えんぴつの数《かず》の、十《じゅう》までの数《かぞ》え方《かた》を（　）に書《か》いてね。

① 一本（　　　　　　　　）　⑥ 六本（　　　　　　　　）

② 二本（　　　　　　　　）　⑦ 七本（　　　　　　　　）

③ 三本（　　　　　　　　）　⑧ 八本（　　　　　　　　）

④ 四本（　　　　　　　　）　⑨ 九本（　　　　　　　　）

⑤ 五本（　　　　　　　　）　⑩ 十本（　　　　　　　　）

ものの数《かぞ》え方《かた》 — 日《ひ》にちの数《かぞ》え方《かた》

名まえ

何《なん》月《がつ》何《なん》日《にち》？

何月何日《なんがつなんにち》って、日《ひ》にちをいうときには、「日《にち》」をつけるんだよ。
じゃ、今日《きょう》は九月《くがつ》の「一日」って書いて、「いちにち」だね？
ところが、そうは読《よ》まないんだ。
一日は「ついたち」って読《よ》むんだよ。
二日は？
「ふつか」
三日は？
「みっか」
書《か》いたままに読《よ》まない数《かぞ》え方《かた》に、人数《にんずう》もあるよ。
一人は「ひとり」。二人は「ふたり」。
ひとり!?
ふたり!?
それでは、もんだいをやってみてね！

問題《もんだい》 何月何日《なんがつなんにち》の、日《ひ》づけの数《かぞ》え方《かた》を（　）に書《か》いてね。

① 一日（　　　　　　）　⑥ 六日（　　　　　　）

② 二日（　　　　　　）　⑦ 七日（　　　　　　）

③ 三日（　　　　　　）　⑧ 八日（　　　　　　）

④ 四日（　　　　　　）　⑨ 九日（　　　　　　）

⑤ 五日（　　　　　　）　⑩ 十日（　　　　　　）

ものの数《かぞ》え方《かた》 — 生《い》きものの数《かぞ》え方《かた》

名まえ

一《いっ》ぴき、二《に》ひき、三《さん》びき

ねえねえ、
ぼくたちのような
生《い》きものの数《かぞ》え方《かた》は？
ふつうは、「ひき」を
つかうよ。
鳥《とり》は「羽《わ》」。
虫《むし》は「ひき」。
ひゅー
エサ
魚《さかな》は「ひき」だけど、
「尾《び》」、「本《ほん》」
ということもあるよ。

でも、大《おお》きいどうぶつは、
「頭（とう）」って数《かぞ》え……、
ダッ
ぬっ
あ…
お母さん
うわぁ～～～～！　大《おお》きなくまが
一頭出《いっとうで》た～～～～～～っ！

うさぎを数《かぞ》えるとき、一羽《いちわ》、二羽《にわ》と数《かぞ》えることがあります。長《なが》い耳《みみ》を羽《はね》に見立《みた》てたからでしょう。むかし、肉《にく》を食《た》べてはいけないといわれていたころ、肉《にく》を食《た》べるりくつとして考《かんが》えられたようです。

問題《もんだい》 つぎの生《い》きものを数《かぞ》えるときのことばを（　）に書《か》こう。

① うま　一《いっ》（　　　）、二《に》（　　　）

② めだか　一《いっ》（　　　）、二《に》（　　　）

③ へび　一《いっ》（　　　）、二《に》（　　　）

④ つる　一《いち》（　　　）、二《に》（　　　）

⑤ かぶとむし　一《いち》（　　　）、二《に》（　　　）

ものの数《かぞ》え方《かた》 — 草花《くさばな》や木《き》の数《かぞ》え方《かた》

名まえ

一《いち》りん、二《に》りん、三《さん》りん

きれいでしょ。
この花《はな》たばには、お花《はな》が十《じゅう》りんあるんだ！
花《はな》は、「りん」って数《かぞ》え方《かた》もあるんだ!?
しかーし！花《はな》びらは、「一《いち》まい」と数《かぞ》えるよ！
そして、うえ木《き》ばちにうえてあるときは、「一《ひと》はち」と数《かぞ》えるね。
一はち
そして木《き》と草《くさ》の数《かぞ》え方《かた》はね…。
はっぱ「まい」
木《き》のみ「こ」
えだ「本《ほん》」「えだ」
木《き》「本《ほん》」
根《ね》のついたうえ木《き》「かぶ」
こうだよ。
草《くさ》「本《ほん》」

問題《もんだい》 絵《え》を見《み》て数《かず》を数《かぞ》えよう。数《かぞ》えることばは右《みぎ》からえらんでね。

① さいた花《はな》の数《かず》（　　　　　）
② 花《はな》びらの数《かず》（　　　　　）
③ はっぱの数《かず》（　　　　　）
④ くきの数《かず》（　　　　　）
⑤ ぜんたいの数《かず》（　　　　　）

まい
本《ほん》
りん
はち

ものの数《かぞ》え方《かた》 — のりものの数《かぞ》え方《かた》

名まえ

一《いち》台《だい》、二《に》台《だい》、三《さん》台《だい》

キッ
車《くるま》が「一台《いちだい》」、やってきました。
中《なか》から おりてきたのは、モノシリ王子《おうじ》です。
王子《おうじ》さま 行ってらっしゃいませ
ひょい
おおっ！
車《くるま》は一台《いちだい》、二台《にだい》と数《かぞ》えるよ！
やあ ウサギくん
電車《でんしゃ》も同《おな》じなんだけど、切《き》りはなした電車《でんしゃ》は、一両《いちりょう》、二両《にりょう》って数《かぞ》えるんだ。
ひこうきは「一《いっ》き」と数《かぞ》えるよ。
キーン
ふーん
船《ふね》は、タンカーみたいに大《おお》きいものは、「一《いっ》せき」。ボートのような小《ちい》さいものは、「一《いっ》そう」って数《かぞ》えるんだ。
あっ、そう。

問題《もんだい》 つぎののりものを数《かぞ》えるときのことばを（　）に書《か》こう。

① しょうぼう車《しゃ》　一《いち》（　　　　）、二《に》（　　　　）

② ジェットき　一《いっ》（　　　　）、二《に》（　　　　）

③ ヘリコプター　一《いっ》（　　　　）、二《に》（　　　　）

④ ゆうらん船《せん》　一《いっ》（　　　　）、二《に》（　　　　）

⑤ ボート　一《いっ》（　　　　）、二《に》（　　　　）

ものの数《かぞ》え方《かた》 — 身《み》につけるものの数《かぞ》え方《かた》

名まえ

一《いち》ちゃく、二《に》ちゃく、三《さん》ちゃく

これは、くつです。
「足」と書《か》いて、一足《いっそく》、二足《にそく》と数《かぞ》えるよ。
くつ下《した》も「足《そく》」だよ。
ズボンは「一本《いっぽん》」。
ふ〜ん。
オーバーやスーツは、「一《いっ》ちゃく」。
パッ
パッ
シャツやブラウスは「一《いち》まい」。
手《て》ぶくろは「一組《ひとくみ》」だよ。
ハッハッハ
ハックション
モノシリ王子《おうじ》が、「はだかの王子《おうじ》さま」になっちゃったぁ！

問題《もんだい》 つぎのものを数《かぞ》えるときのことばを（　）に書《か》こう。

① ハンカチ　一《いち》（　　　）、二《に》（　　　）

② コート　一《いっ》（　　　）、二《に》（　　　）

③ ベルト　一《いっ》（　　　）、二《に》（　　　）

④ ネクタイ　一《いっ》（　　　）、二《に》（　　　）

ものの数《かぞ》え方《かた》 — 食《た》べものなどの数《かぞ》え方《かた》

名まえ

一《いっ》ぱい、二《に》はい、三《さん》ばい

食《た》べものや、おちゃわんなども
いろんな数《かぞ》え方《かた》をするよ。
まずは、ぼくの朝《あさ》ごはんから見《み》てね。
あぶらあげ
一《いち》まい
ねぎ
一本《いっぽん》
とうふ
一《いっ》ちょう
ごはん
一《いち》ぜん（ぱい）
ちゃわん
一《いっ》こ
みそしる
一《いっ》ぱい
はし
一《いち》ぜん
おわん
一《いっ》きゃく
これは、ある日《ひ》の昼《ひる》ごはん。
そば
一玉《ひとたま》
ざるそば
一《いち》まい
かまぼこ
一《いち》まい
切《き》る前《まえ》
は一本《いっぽん》
あたたかいそばは
一《いっ》ぱいだよ！
おやつ！
スプーン
一本《いっぽん》
プリン
一《いっ》こ
さら
一《いち》まい
そして、ばんごはんだ〜い。
とんカツ
一《いち》まい
くしカツ
一本《いっぽん》
ほかにもいろいろ。
もんだいをやってみてね！

問題《もんだい》 つぎのものを食《た》べるとき数《かぞ》えることばを（　）に書《か》こう。

① ラーメン　一《いっ》（　　　　）、二《に》（　　　　）

② ソーセージ　一《いっ》（　　　　）、二《に》（　　　　）

③ まんじゅう　一《いっ》（　　　　）、二《に》（　　　　）

④ キャラメル　一《いっ》（　　　　）、二《に》（　　　　）

⑤ せんべい　一《いち》（　　　　）、二《に》（　　　　）

ことばのいみ ― むずかしいことば

名まえ

きまえよく

おいしそうな肉《にく》まん。
ホカホカ
ホカ
みつおくん、ぜんぶ食《た》べていいわよ。
お〜っ、きまえがいいね。いただきます。
パク
パク
「気前《きまえ》」は、気《き》もち、心《こころ》のこと。お金《かね》やものをおしまないでさし出《だ》すようす。
う〜ん、もうおなかいっぱい！
ゲップ
あら、じゃあ、もうケーキはむりね。
しまった！

問題《もんだい》　（　）には、下《した》のどのことばが入《はい》るかな。記号《きごう》を書《か》こう。

① ジェットコースターも、（　　　　）足《あし》がふるえる。

② このノート、だれのだか（　　　　）ない？

③ あの子《こ》ばっかり（　　　　）されてるみたい。

④ 今日《きょう》は（　　　　）はたらきました。

㋐えこひいき　㋑心当《こころあ》たり　㋒せいいっぱい　㋓いざとなると

ことばのいみ — むずかしいことば

名まえ

あてずっぽう

今《いま》、何時《なんじ》かしら？
ぼくのおなかのすき方《かた》でいうと、12時《じ》15分《ふん》！
どうせ、あてずっぽうね！
いいかげんにきめること。かん字《じ》は「当《あ》て」で、見当《けんとう》のこと。
そうでもない！
12:15
ねっ！

問題《もんだい》　（　）には、下《した》のどのことばが入《はい》るかな。記号《きごう》を書《か》こう。

① いやだという弟《おとうと》を（　　　　）に つれていった。

② 弟《おとうと》は、（　　　　）な みぶりで話《はなし》をした。

③ 先生《せんせい》ぬきで、（　　　　）に話《はな》し合《あ》ってごらん。

④ （　　　　）な人《ひと》だから、ことわられるかもしれない。

㋐おおげさ　㋑気《き》まぐれ　㋒強引《ごういん》　㋓ざっくばらん

ことばのいみ ― むずかしいことば

名まえ

おくゆかしい

おぎょうぎがわるいこと！
ゴロ〜ン
マリちゃんをごらんなさい。
きちんとすわって、おくゆかしいでしょ。
上品《じょうひん》で、心《こころ》がひかれる。ふかい考《かんが》えや心《こころ》づかいがかんじられる。
ちがうんです。
えっ？
足《あし》がしびれて、うごけないだけなんです。
さわらないでよっ！

問題《もんだい》　（　）には、下《した》のどのことばが入《はい》るかな。記号《きごう》を書《か》こう。

① サイレンの音《おと》が（　　　　）ので、夜中《よなか》にとびおきた。

② 右《みぎ》と左《ひだり》のくつがちがうなんて、（　　　　）な。

③ となりの家《いえ》でねこをかってるよ。（　　　　）な。

④ 家《いえ》のまわりが（　　　　）けど、何《なに》かあったのかな。

㋐あわただしい　㋑うらやましい　㋒けたたましい　㋓そそっかしい

ことばのいみ ― むずかしいことば

名まえ

せわしない

どいて！
どいて！
バタ
バタ
ガーガー
どうしたの、きゅうに
そうじなんかはじめて。
せわしないなあ！
ひまが少《すく》ない。いそがしい。「せわしい」も同《おな》じいみ。
今日《きょう》は、家《か》ていほうもんでしょ。すっかりわすれていたのよ！
あの……、
もう来《き》てますけど。
先生《せんせい》！
まっ！
手《て》おくれだったみたい。

問題《もんだい》　（　）には、下《した》のどのことばが入《はい》るかな。記号《きごう》を書《か》こう。

① その本《ほん》、まだすてるのは（　　　　）よ。

② 父《ちち》から、（　　　　）プレゼントがあった。

③ そんな（　　　　）すがたで外《そと》に出《で》ないでちょうだい。

④ この雨《あめ》では、しあいの中止《ちゅうし》も（　　　　）。

㋐ 思《おも》いがけない　㋑ はしたない　㋒ もったいない　㋓ やむをえない

名まえ

あっけにとられる

でん言《ごん》ゲームをしよう！
わあい！
パピパピ
あのねのね…。
パピポ、耳《みみ》をかして。
パピ
パヤ
はい、どうぞ！
あっけにとられてるわ！
考《かん》えてもいなかったことにおどろき、あきれてぼんやりするようす。
頭《あたま》もかせるよ！
「あっけ」の、みつおくん

問題《もんだい》 （　）には、下《した》のどのことばが入《はい》るかな。記号《きごう》を書《か》こう。

① しあいは(　　　　　)おわり方《かた》をした。

② へやの中《なか》がうるさいのに(　　　　　)外《そと》に出《で》た。

③ だれだって、きゅうに出《で》てきたら(　　　　　)。

④ 帰《かえ》ってきたけど、(　　　　　)に出《で》ていった。

㋐あっけない ㋑あっというま ㋒たまりかねて ㋓どぎまぎする

ことばのいみ — むずかしいことば

名まえ

むこうみず
ぜったい、とべる！
むこうみずなことはやめなさい！
ドドドド
どあああっ！
ピューッ
え～ん、おりられないよう～。
ばか。
「向《む》こう見《み》ず」と書《か》き、後《あと》のことを考《かんが》えずに行《おこな》うこと。

問題《もんだい》　（　）には、下《した》のどのことばが入《はい》るかな。記号《きごう》を書《か》こう。

① 小《ちい》さな子《こ》どもが(　　　　)にあそんでいる。

② 女《おんな》の人《ひと》が出《で》てきて(　　　　)にあいさつした。

③ 夜《よる》一人《ひとり》でトイレにも行《い》けないなんて(　　　　)だな。

④ まだ一《いっ》か月《げつ》も先《さき》のことだろ。(　　　　)だなあ。

㋐おくびょう　㋑しとやか　㋒せっかち　㋓むじゃき

ことばのいみ ― むずかしいことば

名まえ

うろたえる

ママ、何《なに》して…
みつお～、うごかないで！
何《なに》をうろたえてるの？
コンタクトレンズをおとしたの！
どうしてよいかわからず、あわてておちつきをなくす。「うろ」は、うろうろ…。
ぼくもさがしてあげる。
あっ！
パキッ
どうしてよいかわからず、あわてておちつきをなくす。「うろ」は、うろうろ…。

問題《もんだい》　（　）には、下《した》のどのことばが入《はい》るかな。記号《きごう》を書《か》こう。

① お母《かあ》さんが先生《せんせい》に会《あ》うときはとても（　　　　）。

② お年《とし》よりの方《かた》を（　　　　）ことがたいせつです。

③ 弟《おとうと》をいじめたのに、（　　　　）のはよくない。

④ しあいにまけたからって、（　　　　）なよ。

㋐いたわる　㋑かしこまる　㋒くよくよする　㋓しらばくれる

第6章　文の組み立てと単語の使い方

■主語・述語・修飾語／単語の種類と用法／敬語／カタカナ■

文《ぶん》の組《く》み立《た》て ― 文《ぶん》の「あたま」と「からだ」

名まえ

何《なに》が（は）どうする

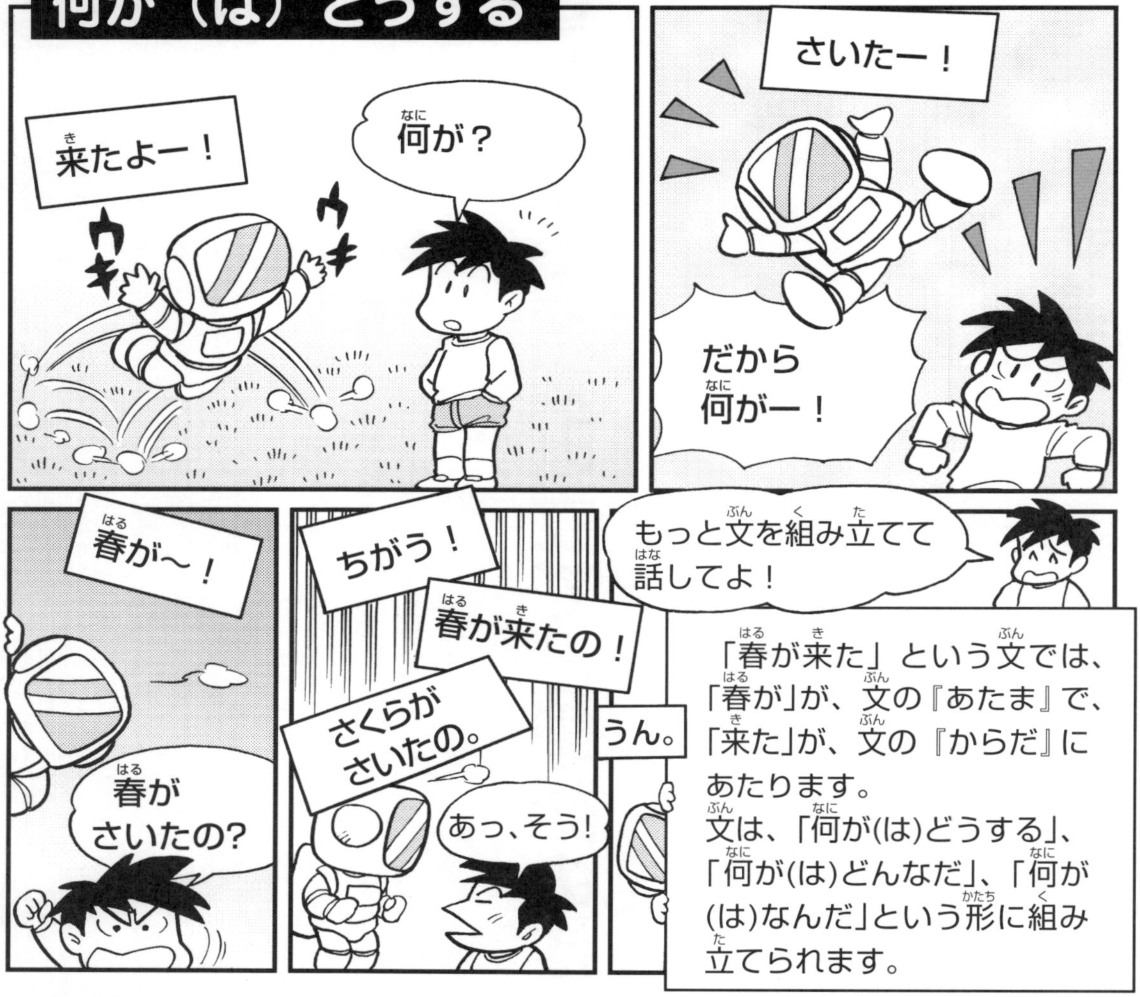
来《き》たよー！
何《なに》が？
ウキ
ウキ
さいたー！
だから
何《なに》がー！
春《はる》が〜！
ちがう！
春《はる》が来《き》たの！
さくらが
さいたの。
うん。
春《はる》が
さいたの?
あっ、そう!
もっと文《ぶん》を組《く》み立《た》てて
話《はな》してよ！
「春《はる》が来《き》た」という文《ぶん》では、「春《はる》が」が、文《ぶん》の『あたま』で、「来《き》た」が、文《ぶん》の『からだ』にあたります。
文《ぶん》は、「何《なに》が(は)どうする」、「何《なに》が(は)どんなだ」、「何《なに》が(は)なんだ」という形《かたち》に組《く》み立《た》てられます。

問題《もんだい》 ・を線《せん》でつないで、いみがわかる文《ぶん》に組《く》み立《た》てよう。

① 雨《あめ》が	・	・	ア. 鳴《な》く。
② さくらが	・	・	イ. しずむ。
③ たいようが	・	・	ウ. ふる。
④ せみが	・	・	エ. ほえる。
⑤ ライオンが	・	・	オ. ちる。

文《ぶん》の組《く》み立《た》て — ことばの後《あと》につくことば

名まえ

「は」「を」「へ」

やきゅう「を」しよう!
やきゅう「は」いやだ。
わたし「は」テニスがしたいわ。
テニスコート「へ」行《い》きましょう。
テニスか……
もう!
アウト!

文《ぶん》の中《なか》でことばをつなげるとき、「ぼくは」「本《ほん》を」「学校《がっこう》へ」のように、後《うし》ろに「は」「を」「へ」などがくっつきます。
そうして、ことばをつなげると、「ぼくは学校《がっこう》へ行《い》きます。」という文《ぶん》ができあがります。

問題《もんだい》 （　）に、「は」「を」「へ」のどれかを書《か》いて、文《ぶん》を組《く》み立《た》てよう。

① わたし(　　)ケーキ(　　)食《た》べました。

② おじいさん(　　)山《やま》(　　)行《い》きました。

③ ぼく(　　)犬《いぬ》(　　)かっています。

④ お父《とう》さん(　　)むかえに、えき(　　)行《い》きます。

文《ぶん》の組《く》み立《た》て ― ことばの後《あと》につくことば

名まえ

「の」「と」「で」「に」……

心《しん》ぞう「と」音《おと》しないね。
死《し》んでるよ、きみ。
ピポッ
つぎ「を」人《ひと》、どうぞ。
ねつ「に」あるようです。
ほほう、かぜ「の」ひいているようだね。
注射《ちゅうしゃ》「や」しようか！。
ひゃあ、注射《ちゅうしゃ》「で」やだあ！
もう〜! くっつくことばが、めちゃくちゃで気《き》もちがわるい！
では、おくすり「に」あげよう
くっつくことばは、「が」「は」「を」「へ」のほかにも、いろいろあり、「虫《むし》**が**花《はな》**に**来《く》る。」、「海《うみ》**で**およぐ。」、「ぼく**の**本《ほん》です。」、「妹《いもうと》**と**あそぶ。」、「馬《うま》**や**牛《うし》**も**いる。」、「あな**から**出《で》る。」、「りんご**より**バナナ**が**すき。」「えき**まで**行《い》く。」のようにつかいます。

問題《もんだい》 （　）に、くっつくことばを書《か》いて、文《ぶん》をつなげよう。

① 犬《いぬ》(　　　) 大《おお》きなねこがいた。

② 犬《いぬ》(　　　) かみつかれた。

③ 犬《いぬ》(　　　) 耳《みみ》はとてもいい。

④ 犬《いぬ》(　　　) いっしょに、ぼくも走《はし》った。

⑤ ねこだけでなく、犬《いぬ》(　　　) だいすきだ。

文《ぶん》の組《く》み立《た》て — くわしくせつめいする

名まえ

「いつ」「どこで」「どのように」

その魚《さかな》どうしたの?
ぼくがつったの。
「いつ」つったの?
ピロン
今日《きょう》だよ。
ピチピチ
「どこで」つったの?
お寺《てら》の池《いけ》で!
「どのように」つったの?
ないしょ!
「犬《いぬ》がほえた。」だけでは、くわしいことはわかりません。**「いつ」「どこで」「どんな」「どのように」**をつけたすと、「きのう、公園《こうえん》で白《しろ》い犬《いぬ》が大《おお》きな声《こえ》でほえた。」のような文《ぶん》になって、だいぶくわしいことがわかってきます。
どろぼうになるわよ!

問題《もんだい》 ＿＿のことばは、ア〜エのどれかな。（　）に書《か》こう。

① きのう、赤《あか》い花《はな》がさいた。
（　）（　）

② 海《うみ》でのんびりあそんだ。
（　）（　）

③ かわいい子《こ》ねこをしっかりだいた。
（　）（　）

④ 十月《じゅうがつ》に学校《がっこう》でうんどう会《かい》がある。
（　）（　）

ア. いつ
イ. どこで
ウ. どんな
エ. どのように

文《ぶん》の組《く》み立《た》て ― 文《ぶん》の切《き》れ目《め》

名まえ

てん(、) まる(。) かぎ(「」)

今日《きょう》はみつおくんをむかえに学校《がっこう》へ行《い》ったげんかんではきものをぬぎなさいと言《い》われたからぼくはできないって言《い》って帰《かえ》ってきた。
どひゃあ! ダラダラ しゃべってる。
ええっ!? げんかんでは きものを ぬぐの!??
げんかんでは きものをぬぎなさい って言《い》われたよ。
ううん…… へんだな。
あっ、わかった。「げんかんで、はきものをぬぎなさい」と言《い》われたのね!
きものも くつも、ぬげない。
ちゃんと「、」や「。」で文《ぶん》に切《き》れ目《め》をつけないとわかりにくいわよ。
まる(。)は文《ぶん》のおわり、てん(、)はいみの切《き》れ目《め》、かぎ(「」)は話《はな》しことばにつけます。
パピポの文《ぶん》はつぎのようになります。
●今日《きょう》は、みつおくんをむかえに学校《がっこう》へ行《い》った。げんかんで「はきものをぬぎなさい。」と言《い》われたから、ぼくは、「できない。」って言《い》って、帰《かえ》ってきた。

問題《もんだい》 つぎの文《ぶん》の□に、まる(。)、てん(、)、かぎ(「 」)のどれかをつけて、読《よ》みやすくしよう。

きのう□うんどう会《かい》がありました□

さいごは□リレーでした□

□ようい□ドン□で□

みんな□いっせいにスタートしました□

ことばのなかま分《わ》け ― ものの名《な》まえ

名まえ

なかまに分《わ》けたら……

これから
ベリースペシャル
プルプルプリ～ンを
みなさんに
ごちそうします!
バンザーイ
デデーン
めざし
さくらんぼ
プリン
キャンディー
レモン
にんじん
ねぎ
食《た》べもののなかま
食《た》べものだって、魚《さかな》、おかし、くだもの、やさいって、みんな、なかまがべつでしょ。分《わ》けて食《た》べたい。
何《なに》、言《い》ってるのよ。みんな食《た》べもののなかま！このほうがえいようもあるわよ!
パク
まず～！
ものには一《ひと》つ一《ひと》つ名《な》まえがあって、なかまをまとめてよぶことばもあります。
「あめ」や「プリン」は「**おかし**」、
「いちご」や「りんご」は「**くだもの**」、
「なす」や「ねぎ」は、「**やさい**」のなかまです。ぜんぶ合《あ》わせると「**食《た》べもの**」のなかまになります。

問題《もんだい》 なかまのことばを、ア～オからえらんで線《せん》でつなごう。

① 体《からだ》のぶぶん ・	・ア. 晴《は》れ・雨《あめ》・くもり
② 色《いろ》 ・	・イ. 朝《あさ》・昼《ひる》・夕方《ゆうがた》・夜《よる》
③ しょくぶつ ・	・ウ. 手《て》・足《あし》・毛《け》・耳《みみ》・顔《かお》
④ 天気《てんき》 ・	・エ. 木《き》・草《くさ》・ゆり・さくら
⑤ 一日《いちにち》の時間《じかん》 ・	・オ. 赤《あか》・青《あお》・黄色《きいろ》・白《しろ》

ことばのなかま分《わ》け ― うごきのことば

名まえ

「どうする」ことば

パピポは
リモコンでも
「うごきます」。
まぁ!
このボタンを
おすと、
パピポが
本《ほん》を「読《よ》む」。
ピッ
これをおすと
字《じ》を「書《か》く」。
これをおすと
音楽《おんがく》を「聞《き》く」。
遠《とお》くを「見《み》る」。
むこうに「行《い》く」、
「行《い》かない」……。

これで、ガスが
「出《で》ます」。
プッ
これをおしたら
「おどった」。
クル
クル
クル

「うごく」や、「読《よ》む」は、「何《なに》が・どうする」の「**どうする**」にあたります。うごきのことばは、さいごが「く」、「む」、「る」など、「う」のだんでおわりますが、「行《い》く」、「行《い》きます」、「行《い》かない」のように、形《かたち》がかわってつかわれます。

問題《もんだい》 ①〜④のそれぞれの中《なか》に、一《ひと》つだけ、「どうする」ことばではないことばがあるよ。どれかな。

① [食《た》べる　ねる　おきる　わらう　子《こ》ども]

② [なげる　うつ　走《はし》る　やきゅう　まける]

③ [思《おも》う　言《い》う　わらう　あらう　たいよう]

④ [光《ひか》る　きれい　かざる　かがやく　よろこぶ]

ことばのなかま分《わ》け ― うごきのことば

名まえ

「たつ」「たてる」

あれっ？
こんなところに
家《いえ》**が**「たつ」ぞ。
ほんとだ。
PiPo
いや、家《いえ》**が**「たつ」
のではない。
家《いえ》**を**「たてる」
のじゃ。
えっ、
かみさまが？
すご〜い!!
大工《だいく》さん**が**
「たてる」のじゃ。
当《あ》たり前《まえ》
じゃろ!
なあんだ。
なんだか
はら**が**「たつ」ね。
そんなはら**を**
「たてる」な。
どっちに
しても、たつ!

うごきのことばは、つかい方《かた》で形《かたち》がかわります。「たつ」、「たてる」と同《おな》じように、「おちる」のばあいでも、「石《いし》**が　おちる**」、「石《いし》**を　おとす**」というふうにかわります。

問題《もんだい》 →のようにことばがかわると、つづくことばは、どのようにかわるかな。□に一字《いちじ》ずつ書《か》こう。

① 糸《いと》が切《き》れる。→　糸《いと》を □□。

② えだをおる。→　えだが □□□。

③ 火《ひ》をつける。→　火《ひ》が □□。

④ かねが鳴《な》る。→　かねを □□□。

ことばのなかま分《わ》け ― ようすのことば

名まえ

「どんな」ことば

ああ、
「くるしい」。
「あまい」
おかしばかり
食《た》べるから
太《ふと》っちゃってさ。
たしかに
アリとしちゃ
「大《おお》きい」。
「つらい」ことも
「多《おお》い」のよ。

でも
それだけ太《ふと》れば、
冬《ふゆ》でも
「あたたかい」ね。
うん、
「いい」こと
もある！
アリさんも
たいへんだな。
びょうきが
しんぱい。

ようすをあらわすことばには、つぎのようなものがあります。
- ●「うれしい」「かなしい」（**気《き》もち**）
- ●「あまい」「からい」（**あじ**）
- ●「大《おお》きい」「小《ちい》さい」（**形《かたち》やようす**）
- ●「赤《あか》い」「青《あお》い」（**色《いろ》**）
- ●「あつい」「さむい」（**かんじ**）など。

どれも、さいごが「い」でおわり、「あまいおかし」、「おかしはあまい」と、ことばの前《まえ》にも後《うし》ろにもつかえます。

問題《もんだい》　（　）に合《あ》うことばを、ア～オからえらんで記号《きごう》を書《か》こう。

① （　　　）花《はな》がさいた。

② おばけは（　　　）。

③ （　　　）ケーキを食《た》べた。

④ 秋《あき》は（　　　）。

⑤ とても（　　　）山《やま》だ。

ア. 高《たか》い
イ. すずしい
ウ. 赤《あか》い
エ. あまい
オ. こわい

ことばのなかま分《わ》け — ようすのことば

名まえ

「どんなに」ことば

みつおくん、「ずいぶん」毛《け》がのびたわね。「ぼさぼさ」よ。
マリちゃん、切《き》ってよ。
「じっと」しててね。「もっと」切《き》るから。
チョキチョキ、と。
かみの毛《け》が「ふわふわ」とんでく！
ふわ
ふわ
チョッキーン
あっ!
どうしたの?
なんでもないわ。モデルの「ように」すてきだわ。
冬《ふゆ》の「ように」すずしいけど。
「ずいぶん」や「じっと」は、うごきのことばや、ようすのことばにくっついて、「どんなに」というようすをつけくわえます。「ぼさぼさ」「ふわふわ」も同《おな》じなかまです。「ように」は、ものにたとえて「どんな」かをあらわすことばです。
あれ、頭《あたま》が「つるつる」だよ。
えっ?
し〜!!

問題《もんだい》 文《ぶん》に合《あ》うほうの、ようすをあらわすことばを○でかこもう。

① 犬《いぬ》の頭《あたま》を（　じっと　　そっと　）さわった。

② 人《ひと》が（　すらりと　　ずらりと　）ならんでいる。

③ 小川《おがわ》が（　さらさら　　ざらざら　）ながれる。

④ 雪《ゆき》の道《みち》は（　くるくる　　つるつる　）すべる。

⑤（　わた　　石《いし》　）のように、ふわふわの雲《くも》。

文《ぶん》とことばのきまり ― 文《ぶん》をつなぐ

名まえ

「だから」「しかし」「たとえば」

雨《あめ》がふっています。
「だから」、外《そと》ではあそべません。
「しかし」、家《いえ》の中《なか》ではあそべるもんね！
のこった! のこった!
いいかげんにしなさい！
家《いえ》の中《なか》ではしずかにあそびなさい！
「たとえば」、本《ほん》を読《よ》むとか、トランプするとか！
…………!
文《ぶん》と文《ぶん》をつなぐことばには、つぎのようなものがあります。
だから（りゆうを先《さき》にあらわす。）
しかし（前《まえ》と後《うし》ろのいみがぎゃく。）
そして（前《まえ》の文《ぶん》につけたす。）
たとえば（前《まえ》の文《ぶん》をせつめいする。）
それとも（どちらかをえらぶ。）
グウ。

問題《もんだい》　（　）に入《はい》ることばを、ア～エからえらんで記号《きごう》を書《か》こう。

① たいようがしずんだ。（　　　）、夜《よる》になった。

② 夜《よる》になった。（　　　）、まだ月《つき》は出《で》ない。

③ 学校《がっこう》を休《やす》んだ。（　　　）、かぜをひいたからだ。

④ かぜをひいた。（　　　）、学校《がっこう》を休《やす》んだ。

［　ア. だから　イ. しかし　ウ. そして　エ. なぜなら　］

文《ぶん》とことばのきまり — 文《ぶん》をつなぐ

名まえ

「ので」「のは」「けれど」

風《かぜ》が強《つよ》くなった。
ビュウ
なぜなら、台風《たいふう》だからだ。
風《かぜ》が強《つよ》くなった「のは」、台風《たいふう》だからなのね。
風《かぜ》が強《つよ》い。「だから」、ふきとばされそう。
そうだよ！
あっ、とばされた。
たすけてくれ〜！
風《かぜ》が強《つよ》い「ので」、ふきとばされた。
さようなら〜！
「だから」でつないだ二《ふた》つの文《ぶん》は、「ので」や「から」をつかうと、一《ひと》つの文《ぶん》にまとめられます。つなぐことばには、
「しかし」→「けれど（のに、が）」、
「そして」→「て（たり、し）」
「なぜなら」→「のは」などもあります。
台風《たいふう》はさった「けれど」、帰《かえ》ってこない！
ゴロゴロゴロ

問題《もんだい》 文《ぶん》を一《ひと》つにまとめるとき、（　）にはどれが入《はい》るかな。

① おなかがすいた。だから、パンを食《た》べた。

→おなかがすいた(　　　　　　)、パンを食《た》べた。

② 天気《てんき》はいい。しかし、風《かぜ》はつめたい。

→天気《てんき》はいい(　　　　　　)、風《かぜ》はつめたい。

[　ア. けれど　イ. たり　ウ. のは　エ. ので　]

文《ぶん》とことばのきまり — つなげることば

名まえ

「ながら」「ばかり」「たり」「しか」

マリちゃんオンステージ
わたしは歌《うた》が大《だい》すきよ～♪
歌《うた》い「ながら」おどりま～す♪
歌《うた》っ「たり」おどっ「たり」してすごいね。
ほめて「ばかり」いないで、
みつおくんも何《なに》かやって！
ぼくは歌《うた》「なんか」歌《うた》えないし…、
みつおオンステージ
大食《おおぐ》い「しか」できませ～ん。
やめろ!
立《た》った「まま」食《た》べない！

「**ながら**」や「**たり**」をつかうと、二《ふた》つのことをしていることをあらわせます。また、「歌《うた》**を**歌《うた》う」ことを、「歌《うた》**ばかり**歌《うた》う」とか「歌《うた》**しか**歌《うた》えない」というようにつかうと、いみを強《つよ》めたり、いみを広《ひろ》げたりします。

問題《もんだい》　(　)に入《はい》ることばを、ア～オからえらんで書《か》こう。

① 歩《ある》き(　　　)歌《うた》を歌《うた》った。

② ずっと明《あ》かりがついた(　　　)だ。

③ おばけだって、こわく(　　　)ない。

④ 今日《きょう》は、テレビ(　　　)見《み》ていた。

⑤ ドアをおし(　　　)、引《ひ》いたりした。

ア. ばかり
イ. ながら
ウ. たり
エ. まま
オ. なんか

文《ぶん》とことばのきまり ― おわることば

名まえ

今《いま》のこと、すぎたこと

あっ、白《しろ》い雲《くも》が
うかん「でいる」。
ポッカリ
風《かぜ》がふいて、
雲《くも》が
ながれ
「ている」。
スイスイ
ずっと空《そら》を
見《み》「ている」。
フラフラ

ずっと空《そら》を
見《み》「ていた」。
もとに
もどらない。
首《くび》が
「いたい」。

ああ、
「いたかった」。
まだ
「いたい」。

「見《み》る」ことも、今《いま》のことと、すぎたことでは、あらわし方《かた》がちがいます。

●すぎたこと（見《み》**た**、見《み》**ました**）

●今《いま》のこと（見《み》**ている**）

うごきのことばの後《うし》ろがかわることにちゅういしましょう。

問題《もんだい》 つぎのことばに「ている」をつけ、「今《いま》のことの言《い》い方《かた》」にかえて（　）に書《か》こう。

① 書《か》く→（　　　　　　　　）　⑤ およぐ→（　　　　　　　　）

② 読《よ》む→（　　　　　　　　）　⑥ のむ→（　　　　　　　　）

③ 走《はし》る→（　　　　　　　　）　⑦ ねむる→（　　　　　　　　）

④ 作《つく》る→（　　　　　　　　）　⑧ 食《た》べる→（　　　　　　　　）

文《ぶん》とことばのきまり ― おわることば

名まえ

月《つき》へ行《い》き「ましょう」！

月《つき》へ行《い》く「そうだ」。
月《つき》へ行《い》「こう」！
出発《しゅっぱつ》！
ドドドド！！
あれ、月《つき》に行《い》け「ない」。
おもすぎる「らしい」。
ぼく、おりる！
だめだ。おりてなおし「たい」。いそげ！
ピョン
ピョン
これでとべる「でしょう」。
ドドドドー
あっ！

おわることばで、いみがかわります。

「ましょう」・**「こう」**
→さそっている

「ません」・**「ない」**→しない

「たい」→ねがっている

「そうだ」→と、聞《き》いた

「らしい」→と、思《おも》う

「でしょう」→と、思《おも》う

問題《もんだい》 正《ただ》しいつかい方《かた》をしている文《ぶん》の（　）に○をつけよう。

（　　）① 明日《あす》はきっと晴《は》れました。

（　　）② 明日《あす》はきっと晴《は》れるでしょう。

（　　）③ きのうは絵《え》をかきましょう。

（　　）④ きのうは絵《え》をかきました。

（　　）⑤ 遠《とお》いけど、行《い》きたい。

（　　）⑥ 遠《とお》いけど、行《い》きません。

文《ぶん》とことばのきまり ― こそあどことば

名まえ

「この」「その」「あの」「どの」

「あの」ぶたがほしいわ。
ブキー
ブー
ブー
ブー
「どの」ぶた？
ブー
ブー
ブー

「その」太《ふと》ったぶたよ。
ああ、「この」ぶたね。
どれでも同《おな》じだよ。

「こそあど」ことばは、話《はな》す人《ひと》からのいちで、つかいわけます。

この（これ・ここ・こっち・こちら）
→自分《じぶん》に近《ちか》いものをさす。

その（それ・そこ・そっち・そちら）
→あいてに近《ちか》いばあい。

あの（あれ・あそこ・あっち・あちら）
→どちらからも遠《とお》いばあい。

どの（どれ・どこ・どっち・どちら）
→はっきりしないばあい。

問題《もんだい》　（　）に入《はい》ることばを、ア～オからえらんで記号《きごう》を書《か》こう。

①（　　）は、ぼくの本《ほん》です。

②（　　）人《ひと》は、友《とも》だちのお姉《ねえ》さんです。

③（　　）で、まっていてください。

④（　　）に、行《い》ってしまったのかな。

⑤（　　）か一《ひと》つ、えらんでください。

ア．そこ
イ．どこ
ウ．どれ
エ．あの
オ．それ

ことばのつかい方 ― ていねいな言《い》い方《かた》

名まえ

「です」「ます」

みなさ〜ん、本《ほん》はすきですか？
うさぎ小学
うん、すきだよ！
うさぎくん！それはちがうぞ！
モノシリ王子《おうじ》、ちがわないよ！本《ほん》、すきだもん。
そうじゃないよ！先生《せんせい》にへんじをするんだから、「はい、すきです」って、「です」をつかうんだ。
先生《せんせい》が「マンガは読《よ》みますか？」ってきいたら？
読《よ》む…です！
そういうときは、「読《よ》みます」っていうんだよ。
あら、あなた。とてもよいおへんじだけど、どこのクラスの子《こ》？
あ…、あはは。
きちんとへんじしなさい、王子《おうじ》！

問題《もんだい》 「です」「ます」をつかって、ていねいな言《い》い方《かた》にしてね。

ふつうの言《い》い方《かた》	ていねいな言《い》い方《かた》
① 花《はな》がきれいだ。	
② まどから花《はな》が見《み》える。	
③ かわいい花《はな》だ。	
④ 花《はな》で首《くび》かざりを作《つく》る。	

ことばのつかい方《かた》 — ていねいな言《い》い方《かた》

名まえ

「でした」「ました」「ません」

ていねいな言《い》い方《かた》のれんしゅうをしようね！
先生《せんせい》が、「夏休《なつやす》みはどこかに行《い》きましたか？」ってきいたら？
海《うみ》に行《い》った！…じゃない、えっと…、海《うみ》に行《い》きます！
「行《い》きます」では、これから行《い》くみたい。もう行《い》ったなら、「海《うみ》に行《い》きました」って言《い》うんだよ。
およげないんだ〜！あ、ちがうちがう。そういうときは、「およげません」って言《い》います。
ところで、うさぎくんはおよげますか？先生《せんせい》にへんじするように答《こた》えてね。
およげない…です。
あはは、モノシリ王子《おうじ》が、先生《せんせい》みたいになっちゃった。

問題《もんだい》 ていねいな言《い》い方《かた》をしているけど、おかしなところがあるね。線《せん》を引《ひ》いたことばを、よい言《い》い方《かた》にしよう。

① 海《うみ》の中《なか》の魚《さかな》までよく見《み》えたです。（　　　　　　）

② 海《うみ》では船《ふね》にのったです。（　　　　　　）

③ でも、魚《さかな》つりはできないです。（　　　　　　）

④ 花火《はなび》もきれいだったです。（　　　　　　）

カタカナ ― カタカナであらわすことば

名まえ

外国《がいこく》から来《き》たことば

あ・い・う・え・お、
これは「ひらがな」。
ア・イ・ウ・エ・オ、
これは「カタカナ」。
外国《がいこく》から来《き》たことばを書《か》くときに
カタカナをつかうんだよ。
ぐわっ
ギャー！
たとえば、「ライオン」。
「チンパンジー」。
ウッキー
わあ、ぼくの
「バナナ」かえせ！
そうだね。「バナナ」も
カタカナだね。
外国《がいこく》の名《な》まえや、外国人《がいこくじん》の
名《な》まえもカタカナで書《か》くよ。
「アメリカ」で
作《つく》られた「ギター」！
イェーイ!!
かんどう！
うるうる
にんぎょひめ
『人魚《にんぎょ》ひめ』を書《か》いた
「アンデルセン」は
「デンマーク」人《じん》です。

問題《もんだい》 カタカナで書《か》くことばを五《いつ》つえらんで、カタカナで書《か》こう。

ひこうき	ぱんだ	さる
こうちゃ	こうひい	たいこ
さっかあ	やきゅう	すいか
だりあ	ひまわり	めろん

（　　　　　　　　）
（　　　　　　　　）
（　　　　　　　　）
（　　　　　　　　）
（　　　　　　　　）

カタカナ ― カタカナであらわすことば

名まえ

鳴《な》き声《ごえ》やもの音《おと》をあらわす

やけに森《もり》の中《なか》が
にぎやかだね。
ワンワン
ピー
ヒョロロロ…
ガォー
ドンドコドン
今日《きょう》は、どうぶつたち
のコンサートなんだ。
へえ～
パオーン
キンコーンカーン
ホーホケキョ
パーンッ
でも、鳴《な》き声《ごえ》や、がっきの
音《おと》がぜんぶカタカナだよ？
そのとおり！
鳴《な》き声《ごえ》と、もの音《おと》は
カタカナで書《か》くんだよ！
ニャーーーー！
それは
びっくりだニャ。

問題《もんだい》 つぎにつづくことばを右《みぎ》からえらんで、線《せん》でつなごう。

① 犬《いぬ》が	•	• ア. ピューピューふく。
② かみなりが	•	• イ. キャンキャン鳴《な》く。
③ 雨《あめ》が	•	• ウ. ケロケロ鳴《な》く。
④ 北風《きたかぜ》が	•	• エ. ザーザーふる。
⑤ かえるが	•	• オ. ゴロゴロ鳴《な》る。

第7章　子どもが楽しめる言葉遊び

ことばあそび — だじゃれであそぼう

名まえ

同《おな》じことばがつくことば

だじゃれ せんたい ダジャレンジャー
「くり」レンジャー
「さい」レンジャー
「とり」レンジャー
くり
さい

「くり」のつくことば
びっくり・そっくり・
しゃっくり・クリスマス・
ひっくりかえる。
くりがびっくり、
なんちゃって。
「とり」のつくことば
ちりとり・しりとり・
ことり・とりかえる。
すもうとりが、ひとりで
やきとり、なんちゃって。
「さい」のつくことば
やさい・はくさい・
あじさい・くさい・
さいふ・ごめんなさい。
さいがうるさい、
なんちゃって。
おれたち
だれじゃ〜
ダジャレンジャ〜
あれ
なに?
いろんなもの、
さがしてるみたいね。

問題《もんだい》　（　）にことばを入《い》れて、だじゃれを作《つく》ろう。

①（　　　　　　　）を切《き》ってね。

②（　　　　　　　）はあるけど、かさない。

③（　　　　　　　）をかぶった。

④（　　　　　　　）がひっくりかえる。

⑤ 2時《にじ》に（　　　　　　　）が出《で》た。

ことばあそび ― だじゃれでなぞなぞ

名まえ

なぞなぞ作《つく》ろう

ダジャレンジャー
ク〜〜イズ!!!
くり
さい
とり
①**くり**は**くり**でも
あらってきれいに
なる**くり**は？
②**とり**は**とり**でも
ごみをあつめるのが
とくいな**とり**は？
③**さい**は**さい**でも
いつもあやまって
いる**さい**は？
な〜んだ？
①**クリ**ーニング
②ちり**とり**
かんた〜ん！
③ごめんな**さい**
ギャ〜〜、
ぜんぶ
とかれた〜！
もっとむずかしい
なぞなぞ、作《つく》って
くるからな〜！
へんな
やつ！

問題《もんだい》 なぞなぞ、な〜んだ？

① こおりの上《うえ》ですべった鳥《とり》ってな〜んだ？（　　　　）

② ころころころがるさいってなあに？（　　　　）

③ 神社《じんじゃ》の入り口《ぐち》で立《た》っている鳥《とり》はなあに？（　　）

④ トラックやバスをはこぶ力《ちから》もちのタイは？（　　）

⑤ 頭《あたま》の上《うえ》にのっている牛《うし》ってな〜んだ？（　　　　）

ことばあそび — だじゃれをつかおう

名まえ

にていることばさがし

にていることばを
さがしてあそぼう。
ふとんが
ふっとんだ〜。
ぞうだ
ぞ〜！
ことばのさいごを
つかってあそぶ。
ごちそう
さんま。
さよおなら。
かけあいでだじゃれ
にしてあそぶ。
これは
へそだよ。
へ〜、そう。
どうだ、
おもしろい
だろう。
むし。
むし、むし。
でんでんむし。

問題《もんだい》 （　）にことばを入《い》れて、だじゃれを作《つく》ろう。

① (　　　　　)をすてなくて、<u>ごみ</u>んなさい。

② (　　　　　)をふかないで、<u>まー、どー</u>しましょ。

③ (　　　　　　　)をふくの、わすれ<u>てんじょ〜</u>。

④ (　　　　　)が出《で》たので、<u>はなじ</u>ができない。

⑤ (　　　　　)と会《あ》うのは、もうこれっ<u>きりん</u>。

ことばあそび ― さかさまことば

名まえ

ことばをさかさにしてみよう

こねこだよ。
さかさになっても、こねこだよ。
きつつき
きつつき

さかさになっても同《おな》じことばを見《み》つけよう。

さかさになると、べつのことばになるのは……。

いか
?
かい
くつ
つく
ほかにもいろいろあるよ。さがしてみよう。

問題《もんだい》 さかさことばになるように（　）にことばを入《い》れよう。

① いかと(　　　　　)。　⑥ (　　　　　)につく。

② せみの(　　　　　)。　⑦ (　　　　　)い六《ろく》。

③ しかに(　　　　　)。　⑧ (　　　　　)はかるい。

④ にわに(　　　　　)。　⑨ さくらは(　　　　　)。

⑤ (　　　　　)のしわ。　⑩ 貝《かい》、食《た》べた(　　　　　)。

ことばあそび — さかさまことば

名まえ

ちょっとくふうしてみよう

さかさにしたことばに
一字《いちじ》つけたり、けしたりして
いみのあることばや文《ぶん》を
作《つく》ってみよう。

おいらは「かさ」だよ。
何《なに》ができるかな？

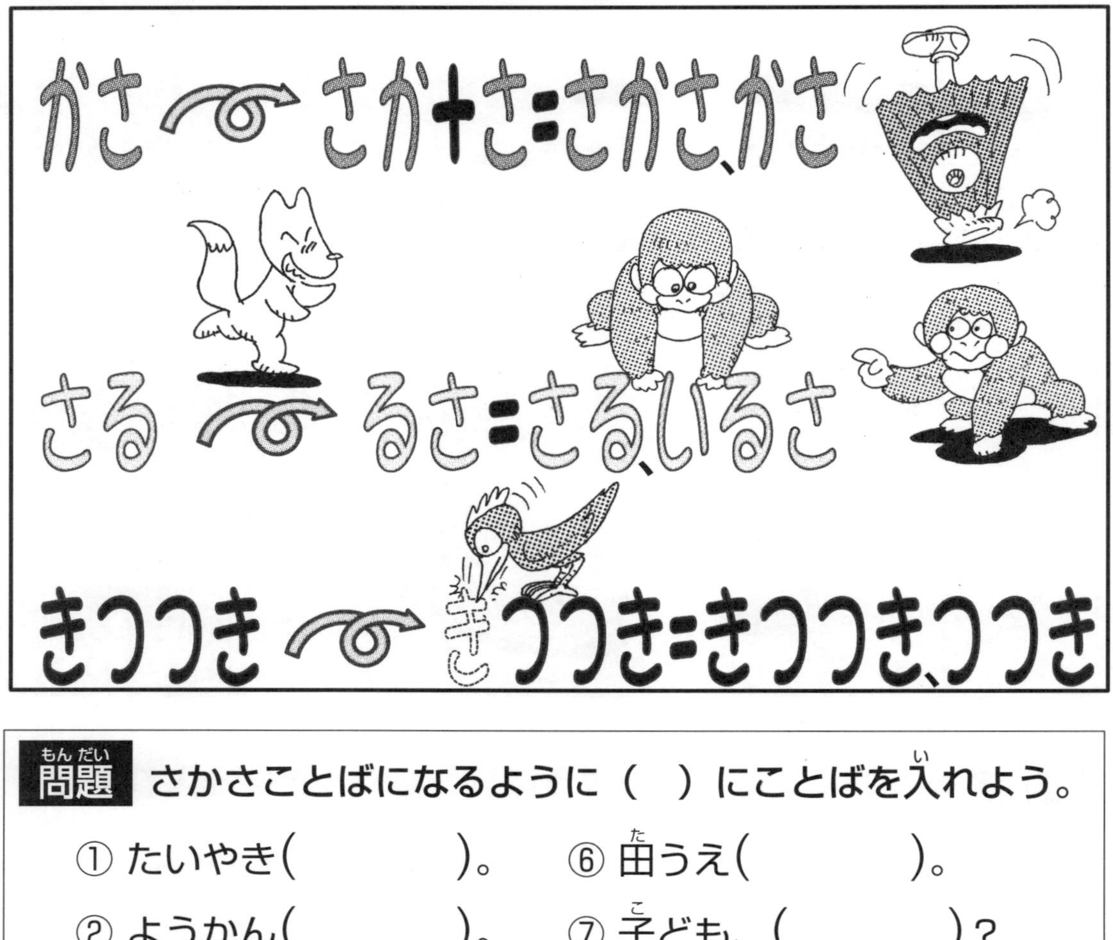
かさ
さか＋さ＝さかさ、かさ
さる
るさ＝さる、いるさ
きつつき
き つつき＝きつつき、つつき

問題《もんだい》 さかさことばになるように（　）にことばを入《い》れよう。

① たいやき（　　　　）。
② ようかん（　　　　）。
③ きいろい（　　　　）。
④（　　　　）かうぞ。
⑤（　　　　）は、中《なか》さ。
⑥ 田《た》うえ（　　　　）。
⑦ 子《こ》ども、（　　　　）？
⑧（　　　　）らしい。
⑨ ねばる（　　　　）。
⑩（　　　　）と、時計《とけい》。

かん字《じ》あそび ― 中《なか》にかくれているかん字《じ》

名まえ

ばらばらにしてあそぼう

これは何《なん》という字《じ》?
「おと」……「おん」とも読《よ》むよね。
音
これならどうだ。
びっくりしたなあ。
立
日
あれ?「立」と「日」だ。
かん字《じ》をばらばらにすると、ほかのかん字《じ》が見《み》つかることがあるんだ。
よし、ほかにもさがしてみよう。
日
青
晴

問題《もんだい》 つぎのかん字《じ》を（　）の数《かず》になるまで、ばらばらにしよう。

① 早→（　　）（　　）　② 男→（　　）（　　）

③ 切→（　　）（　　）　④ 鳴→（　　）（　　）

⑤ 親→（　　）（　　）（　　）

⑥ 線→（　　）（　　）（　　）

⑦ 朝→（　　）（　　）（　　）（　　）

かん字《じ》あそび ― かん字《じ》を組《く》み立《た》てる

名まえ

くっつけてあそぼう

かん字《じ》をくっつけると
ちがうかん字《じ》ができる。
音
日
立
音

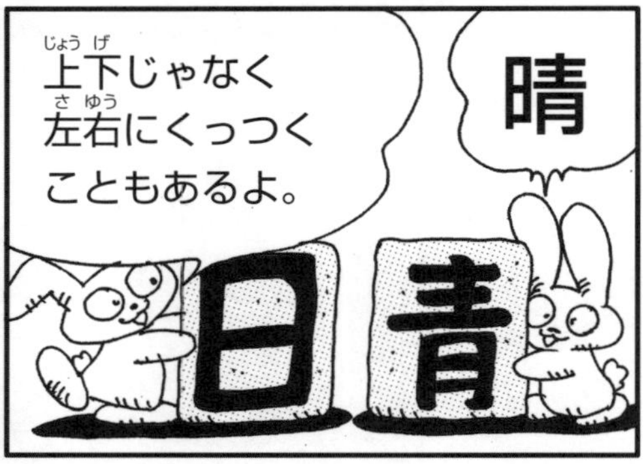

上下《じょうげ》じゃなく
左右《さゆう》にくっつく
こともあるよ。
晴
日
青

ななめも
あるよね。
名
タ
ロ

こういう
組《く》み合《あ》わせも
ある。
聞
門
耳

ほかにも
いろいろな
かん字《じ》があるよ。
さがして
みてね。

問題《もんだい》 つぎのかん字《じ》を合《あ》わせて、一《ひと》つのかん字《じ》にしよう。

① 日　十 → □

② 力　田 → □

③ 日　生 → □

④ 門　日 → □

⑤ 止　少 → □

⑥ 糸　田 → □

⑦ 言　五　口 → □

⑧ 言　千　口 → □

かん字《じ》あそび ― 形《かたち》がにているかん字《じ》

名まえ

ちがうかん字《じ》、見《み》つけよう

村
林
王
玉
方
万
かん字《じ》には、よくにたややこしいものもあるんだよ。

では、それぞれ一《ひと》つだけちがうかん字《じ》を見《み》つけてみよう。
人人人人
人人人人
人人人人
人人入人
見見見見
見見見見
見貝見見
見見見見
力力力力
力力力力
力力力力
力刀力力

みんなもやってみてね。
オイ
グー

問題《もんだい》 ちがったかん字《じ》が一《ひと》つだけまじっているよ。見《み》つかるかな。

①
牛 牛 牛 牛 牛 牛 牛
牛 牛 牛 牛 牛 牛 牛
牛 牛 牛 牛 牛 牛 牛
牛 牛 牛 牛 牛 牛 牛
牛 牛 午 牛 牛 牛 牛
牛 牛 牛 牛 牛 牛 牛
牛 牛 牛 牛 牛 牛 牛

②
数 数 数 数 数 数 数
数 数 数 数 数 数 数
数 数 数 数 数 数 数
数 数 数 数 教 数 数
数 数 数 数 数 数 数
数 数 数 数 数 数 数
数 数 数 数 数 数 数

答え

第1章　漢字の起こりと意味

■かん字のでき方

P.10
①川　②竹　③田　④石

P.11
①水　②火　③雨　④夕

P.12
①口　②耳　③首　④足

P.13
①人　②立　③子　④力

P.14
①犬　②貝　③牛　④鳥

P.15
①車　②刀　③弓　④矢

P.16
①下　②小　③回　④七

P.17
①見　②生　③鳴　④聞

P.18
①雪　②電

P.19
①本　②休　③校　④村

P.20
①男　②町　③番

P.21
①月（明）②青（晴）③生（星）④十（早）

P.22
①作　②何

■かん字の組み立て

P.23
①紙、組、絵、細、線
②読、計、話、語、記　③姉、妹

P.24
①海（汽）　②後（行）　③家（室）
④秋（科）　⑤花（茶）　⑥数（教）
⑦間（聞）　⑧顔（頭）　⑨道（通）
⑩広（店）

■かん字と読み

P.25
①にい　②ねえ　③とけい　④か
⑤さお　⑥けさ　⑦ことし
⑧はつか　⑨うなばら　⑩たなばた

第2章　熟語の組み立てと意味

■じゅく語

P.28
①青空　②大木　③小鳥　④高山
⑤白馬　⑥古本　⑦近道　⑧新年

P.29
①左手　②足音　③男子　④女子
⑤国王　⑥日光　⑦夜空　⑧春風

P.30
①月見（つきみ）　②時計（とけい）
③米作（べいさく）　④肉食（にくしょく）

P.31
①食前　②食後　③歩道　④歌声
⑤売店　⑥明日　⑦明朝　⑧来年

P.32
①森林（しんりん）　②風雨（ふうう）
③親子（おやこ）　④兄弟（きょうだい）

P.33
①大小（だいしょう）　②多少（たしょう）
③強弱（きょうじゃく）　④売買（ばいばい）

P.34
①休止（きゅうし）　②広大（こうだい）
③弱小（じゃくしょう）　④思考（しこう）

P.35
①作文（さくぶん）　②帰国（きこく）
③来店（らいてん）　④入門（にゅうもん）

P.36
①大広間　②古新聞
③新聞社　④外国人

■四字じゅく語
P.37
①東西南北　②学級新聞
③日曜大工　④人気歌手

P.38
②、④

P.39
④、⑤

P.40
④

P.41
①イ　②イ

P.42
③、⑤

P.43
③、⑤

第3章　語句の意味と使い方

■ことばのいみ
P.46
①エ　②イ

P.47
①エ　②ア

P.48
①ウ　②イ

■かん字といみ
P.49
①文（字）　（時）間　（自）分
②（会）社　（貝）がら　三（回）目

P.50
①きのう、とても気の **合** う友だちと **会** った。
②このくつは、とてもよく足に **合** う。
③さっき **会** った人とは、話が **合** った。

P.51
① **明** けましておめでとうございます。
②夜が **明** けたら、へやを **空** けてください。
③名字と名まえの間は一字 **空** けます。

P.52
①ア　かざぐるま　イ　ふうしゃ
②ア　にんき　イ　ひとけ

P.53
①ア　いちじ　イ　ひととき
②ア　じゅうぶん　イ　じっぷん

■ことばのいみ
P.54
①外—内　②男—女
③天—地　④南—北
⑤昼—夜　⑥入る—出る

⑦立つ—すわる　⑧売る—買う
⑨帰る—行く　⑩引く—おす

P.55
①早い—おそい　②多い—少ない
③近い—遠い　④高い—ひくい
⑤広い—せまい　⑥さむい—あつい
⑦おもい—かるい　⑧あさい—ふかい
⑨新しい—古い　⑩いい—わるい

第4章　いろいろなことわざと慣用句

■ことわざ
P.58
①ウ　②イ　③ア　④オ　⑤エ

P.59
①—オ　②—ア　③—エ　④—ウ
⑤—イ

P.60
①イ　②ア

P.61
①ウ　②ア

P.62
①ウ　②エ　③ア

P.63
④

P.64
②

P.65
①×　②○　③×　④○

P.66
①おにの **目** にもなみだ
② **目** は **口** ほどにものを言う
③ **口** はわざわいのもと
④弱り **目** にたたり **目**
⑤馬の **耳** にねんぶつ

P.67
①ウ　②イ　③エ　④ア

■たとえことば
P.68
①目　②耳　③手　④足

P.69
①顔　②口

P.70
①むね　②は　③はら　④はな

P.71
①気　②かた　③いき　④した

P.72
ねこ

P.73
①すずめ　②犬　③馬　④とんぼ

P.74
①—イ　②—ウ　③—ア

P.75
①—エ　②—オ　③—ア　④—イ
⑤—ウ

P.76
①—イ　②—ウ　③—エ　④—ア

P.77
①エ　②ウ　③ア　④イ

第5章　日本語の面白さを楽しむ

■ことばのはじまり

P.80
①ウ　②ア　③エ　④イ

P.81
①夏　②冬　③秋

P.82
①エ　②イ

P.83
①ア、ウ　②エ

P.84
①まり　②さいころ　③ふくろ

P.85
①もち　②すし　③ちくわ

P.86
①にわとり　②ねずみ　③とかげ

P.87
①グレープフルーツ　②じゃがいも
③ハンバーグ

■ものの数え方

P.88
①（いっ）こ　②（に）こ
③（さん）こ　④（よん）こ
⑤（ご）こ　⑥（ろっ）こ
⑦（なな）こ　⑧（はっ）こ
⑨（きゅう）こ　⑩（じっ）こ

P.89
①一本（いっぽん）　②二本（にほん）
③三本（さんぼん）　④四本（よんほん）
⑤五本（ごほん）　⑥六本（ろっぽん）
⑦七本（ななほん）　⑧八本（はっぽん）
⑨九本（きゅうほん）　⑩十本（じっぽん）

P.90
①一日（ついたち）　②二日（ふつか）
③三日（みっか）　④四日（よっか）
⑤五日（いつか）　⑥六日（むいか）
⑦七日（なのか）　⑧八日（ようか）
⑨九日（ここのか）　⑩十日（とおか）

P.91
①うま　一（頭）、二（頭）
②めだか　一（ぴき）、二（ひき）
③へび　一（ぴき）、二（ひき）
④つる　一（羽）、二（羽）
⑤かぶとむし　一（ぴき）、二（ひき）

P.92
①さいた花の数（一りん）　②花びらの数（五まい）
③はっぱの数（三まい）　④くきの数（二本）
⑤ぜんたいの数（一はち）

P.93
①しょうぼう車　一（台）、二（台）
②ジェットき　一（き）、二（き）
③ヘリコプター　一（き）、二（き）
④ゆうらん船　一（せき）、二（せき）
⑤ボート　一（そう）、二（そう）

P.94
①ハンカチ　一（まい）、二（まい）
②コート　一（ちゃく）、二（ちゃく）
③ベルト　一（本）、二（本）
④ネクタイ　一（本）、二（本）

P.95
①ラーメン　一（ぱい）、二（はい）
②ソーセージ　一（本）、二（本）
③まんじゅう　一（こ）、二（こ）
④キャラメル　一（こ）、二（こ）

⑤せんべい　一（まい）、二（まい）

■ことばのいみ

P.96
①エ　②イ　③ア　④ウ

P.97
①ウ　②ア　③エ　④イ

P.98
①ウ　②エ　③イ　④ア

P.99
①ウ　②ア　③イ　④エ

P.100
①ア　②ウ　③エ　④イ

P.101
①エ　②イ　③ア　④ウ

P.102
①イ　②ア　③エ　④ウ

第6章　文の組み立てと単語の使い方

■文の組み立て

P.104
①—ウ　②—オ　③—イ　④—ア
⑤—エ

P.105
①わたし **は** ケーキ **を** 食べました。
②おじいさん **は** 山 **へ** 行きました。
③ぼく **は** 犬 **を** かっています。
④お父さん **を** むかえに、えき **へ** 行きます。

P.106
①と（や）　②に　③の　④と　⑤も

P.107
①きのう、赤い花がさいた。
（ア）（ウ）
②海で　のんびりあそんだ。
（イ）（エ）
③かわいい子ねこをしっかりだいた。
（ウ）（エ）
④十月に　学校でうんどう会がある
（ア）（イ）

P.108
きのう 、 うんどう会がありました 。
さいごは 、 リレーでした 。
『 ようい 、 ドン 』 で 、
みんな 、 いっせいにスタートしました 。

■ことばのなかま分け

P.109
①—ウ　②—オ　③—エ　④—ア
⑤—イ

P.110
①子ども　②やきゅう
③たいよう　④きれい

P.111
①切る　②おれる
③つく　④鳴らす

P.112
①ウ　②オ　③エ　④イ　⑤ア

P.113
①そっと　②ずらりと　③さらさら
④つるつる　⑤わた

■文とことばのきまり

P.114
①ウ　②イ　③エ　④ア

P.115
①エ　②ア

P.116
①イ　②エ　③オ　④ア　⑤ウ

P.117
①書いている　②読んでいる
③走っている　④作っている
⑤およいでいる　⑥のんでいる
⑦ねむっている　⑧食べている

P.118
②、④、⑤

P.119
①オ　②エ　③ア　④イ　⑤ウ

■ことばのつかい方
P.120
①花がきれいです。
②まどから花が見えます。
③かわいい花です。
④花で首かざりを作ります。

P.121
①見えました　②乗りました
③できません　④でした

■カタカナ
P.122
①パンダ　②コーヒー　③サッカー
④ダリア　⑤メロン

P.123
①—イ　②—オ　③—エ
④—ア　⑤—ウ

第7章　子どもが楽しめる言葉遊び

■ことばあそび
P.126
①（切手）を切ってね。
②（かさ）はあるけど、かさない。
③（かぶ）をかぶった。
④（かえる）がひっくりかえる。
⑤2時に（にじ）が出た。

P.127
①つる　②さいころ　③とりい
④タイヤ　⑤ぼうし

P.128
①（ごみ）をすてなくて、ごみんなさい。
②（窓）をふかないで、まー、どーしましょ。
③（天井）をふくの、わすれてんじょ～。
④（鼻血）が出たので、はなじができない。
⑤（きりん）と会うのは、もうこれっきりん。

P.129
①いかと（貝）。　②せみの（店）。
③しかに（菓子）。　④にわに（わに）。
⑤（わし）のしわ。　⑥（くつ）につく。
⑦（黒）い六。　⑧（いるか）はかるい。
⑨さくらは（楽さ）。　⑩貝、食べた（いか）。

P.130
①たいやき（焼いた）。　②ようかん（買うよ）。
③きいろい（木）。　④（象）かうぞ。
⑤（魚）は、中さ。　⑥田うえ（歌）。
⑦子ども、（どこ）？　⑧（石）らしい。
⑨ねばる（ばね）。　⑩（池）と、時計

■かん字あそび
P.131
①早→（日）（十）　②男→（田）（力）
③切→（七）（刀）　④鳴→（口）（鳥）

⑤親→（立）（木）（見）　⑥線→（糸）（白）（水）
⑦朝→（十）（日）（十）（月）

P.132

①日　十　→早　②力　田　→男
③日　生　→星　④門　日　→間
⑤止　少　→歩　⑥糸　田　→細
⑦言　五　口　→語　⑧言　千　口　→話

P.133

① 牛 牛 牛 牛 牛 牛 牛　② 数 数 数 数 数 数 数
牛 牛 牛 牛 牛 牛 牛　数 数 数 数 数 数 数
牛 牛 牛 牛 牛 牛 牛　数 数 数 数 数 数 数
牛 牛 牛 牛 牛 牛 牛　数 数 数 数 教 数 数
牛 牛 午 牛 牛 牛 牛　数 数 数 数 数 数 数
牛 牛 牛 牛 牛 牛 牛　数 数 数 数 数 数 数
牛 牛 牛 牛 牛 牛 牛　数 数 数 数 数 数 数

この本のマンガを描いてくれた作家たち

中島昌利（なかじま・まさとし）

1952年、東京に生まれる。O型、水がめ座。19歳にて雑誌デビュー、石ノ森章太郎、すがやみつるに師事。学習誌・パズル誌をメインに活動中。主な作品に、学研まんが『西遊記』『猿飛佐助』ほか多数。また、民衆社『算数あそびファックス資料集』『社会科あそびファックス資料集』『理科あそびファックス資料集』にイラスト執筆。

山田ゴロ（やまだ・ごろ）

マンガ家歴37年。執筆作品は、『仮面ライダー』『人造人間キカイダー』『がんばれロボコン』『スーパーマリオ』ほか、学習マンガなど多数。
現在　江戸川大学非常勤講師
　　　ヒューマンアカデミーマンガコース講師
　　　Japan Macintosh artist club会長
楽しく勉強できるといいですね。

鳥飼規世（とりがい・のりよ）

キャラクター商品のデザイナーを経て、現在イラストレーター・マンガ家となる。児童向けの科学マンガや法律書のマンガなどを多く手がけている。作品は、『民法入門』『マンガ法律の抜け穴』（自由国民社）『体験！科学の歴史』（学習研究社）『世界の偉人シリーズ』（ユニクロ×学習研究社）など。

編者

近野十志夫（こんの　としお）

1946年東京生まれ。中央大学卒業。
児童雑誌編集者を経て、現在児童書の編集企画、学習クイズ、科学記事を執筆。著者に『おもしろクイズいぬ・ねこ事典』『リサイクルなんでも実験事典』、共著『世界ふしぎ博物館』、編著『こどもノンフィクション』（全10巻）、『漢字あそびファックス資料集』（全3冊）『算数あそびファックス資料集』（全3冊）『社会科あそびファックス資料集』『理科あそびファックス資料集』（全2冊）などがある。

協　力＊下西泰彦
＊吉澤　護

装　幀＊菊池　努（システムアート）

マンガ ＊中島昌利
＊山田ゴロ
＊鳥飼規世

民衆社ホームページ URL　http://minsyusya.or.tv/

日本まんがプリント　小学校1・2年

2008年4月20日　第1刷発行

編　者　近野十志夫
発行人　沢田健太郎
発行所　株式会社民衆社　東京都文京区本郷4-5-9-901
電話 03（3815）8141／FAX 03（3815）8144

印刷　（株）飛来社　　製本　（株）光陽メディア

ISBN978-4-8383-0977-1 C3037